Eniller pêl neu'i cholli – yn y ryc,
Bydd braich noeth amdani,
Doed yn uchel, mae Delme
Lan uwch y lein i'w chael hi.

Dic Jones

1

Llewod a *Budgies*

STESION PADDINGTON, 1966. Ro'n i a 'mhartner ar y cae rygbi, Marlston Morgan, yn ishte ar fainc o dan y cloc anferth enwog oedd yn hongian o'r trawstiau haearn lan yn uchel uwch ein pennau. Roedd ein trên ni 'nôl gartre i orllewin Cymru hanner awr yn hwyr – oedd, roedd y fath beth yn digwydd hyd yn oed yn oes y trenau stêm. Roedd Llanelli newydd chware yn erbyn tîm o Lundain y diwrnod cynt. Chofia i ddim heddi pwy o' ni'n chware yn eu herbyn y penwythnos 'na, tîm y Wasps mwy na thebyg. Fe aethon ni lan ar y nos Wener, chware ar y dydd Sadwrn ac wedyn 'nôl gartre dydd Sul. Fel 'na oedd hi'r dyddiau 'na, roedd ishe penwythnos hir arnon ni i fynd i Lundain i chware.

Ar y prynhawn Sul hwnnw roedd pawb ar y platfform yn awchu i fynd sha thre, a Marlston a fi wedi hoelio'n llygaid ar y cloc. Mae'n siŵr i ni weld pob symudiad a wnaeth y bys mawr nes daeth y trên i fynd â ni 'nôl i Gymru gan bwffian ei ffordd i mewn aton ni. Wyth deg munud oedd hyd gêm rygbi bryd hynny fel heddi wrth gwrs, ond roedd pob un ohonon ni wedi bod bant o gartre am yn agos i dri diwrnod ac roedd y ffaith bod y trên hanner awr yn hwyr yn gwneud byd o wahaniaeth!

Fe ddaeth y trên yn y diwedd, diolch byth, a 'nôl â fi i Gaerfyrddin ac o fan'na i'r pentre lle ces i 'ngeni, Bancyfelin. Wrth i fi gerdded at y tŷ lle'r oedd Mam yn byw, fe sylwes fod rhyw ddwsin o bobol yn sefyll tu fas. Cododd hwnna damed bach o ofon yndda i. Beth sy 'di digwydd? Beth sy'n bod? 'Na beth oedd y cwestiynau oedd yn troi yn 'y mhen. Wrth i fi agosáu at 'y nghartre, sylwes fod dau ffotograffydd yno hefyd. Fe wnaeth hwnna 'nrysu i'n fwy byth. Beth o'n nhw'n neud 'na? O ganol pawb rhuthrodd fy llystad mas ata i fel dyn gwyllt.

'Rwyt ti'n mynd ar daith y Llewod, Delme. 'Da'r Llewod! Ti'n ca'l mynd i Seland Newydd!'

Roedd e, a phawb arall, wedi hurto, a finne wedi drysu'n llwyr. Yn y diwedd, fe ges i'r stori yng nghanol y cyffro, y gweiddi a'r curo dwylo. Roedd Mam wedi derbyn galwad ffôn yn dweud 'mod i wedi cael 'y newis i fynd ar daith y Llewod i Seland Newydd y flwyddyn honno. Bryd hynny, do'n i ddim wedi chware i Gymru hyd yn oed, ond eto i gyd roedd y Llewod ishe fi yn aelod o'u carfan. Dw i'n meddwl yn amal, pan o'n i'n ishte yn Paddington yn edrych ar y cloc 'na'n symud mor araf, bod pawb ym Mancyfelin yn tŷ ni yn aros amdana i i dorri'r newyddion. Roedd y pentre i gyd yn gwbod i fi ga'l 'y newis sbel o 'mla'n i.

Am oriau wedi hynny buodd lle ofnadw yn tŷ ni, pawb wedi cynhyrfu'n llwyr ac yn ffaelu cwato'r cyffro ro'n nhw'n ei deimlo. Roedd y cwbl yn gymaint o sioc iddyn nhw – ac i finne hefyd, wrth gwrs. Yn amlwg roedd e'n golygu cymaint i Fancyfelin bod un o fois y pentre wedi'i ddewis i fod yn un o'r Llewod. Ches i ddim lot o gyfle i feddwl beth oedd hyn i gyd yn ei olygu i fi fel chwaraewr. Yr unig beth dw i'n gwbl sicr amdano yw nad oedd mynd gyda'r Llewod wedi croesi fy meddwl am eiliad cyn y diwrnod 'ny. Mae'r rheswm dros hynny'n amlwg: cael fy newis i chware i Gymru oedd y nod i fi ar y pryd.

Bryd hynny bydde tîm Cymru'n cael ei ddewis yn dilyn gêmau rhwng timau'r 'Probables' a'r 'Possibles'. Y prif chwaraewyr fydde yn nhîm y 'Probables' fel arfer, a'r rhai oedd yn gobeithio ennill eu lle yn y tîm oedd y 'Possibles'. Ro'n i wedi chware ambell gêm i'r 'Possibles' bryd hynny ond do'n i ddim wedi cyrraedd y tîm rhyngwladol – roedd dau foi arbennig iawn yn hawlio'u lle o 'mla'n i, sef Brian Price a Brian Thomas, dau o gewri'r gêm yn y chwedegau.

Ond ar ôl i fi chware dros y 'Possibles' fe ges i lythyr gan reolwyr y Llewod yn gofyn o'n i ar gael i fynd i Seland Newydd. Cofiwch, derbyniodd pob un o chwaraewyr y 'Probables' a'r 'Possibles' lythyr, yn ogystal â chwaraewyr mewn timau tebyg yn Lloegr, yr Alban ac Iwerddon. Fe atebes y llythyr gan ddweud y byddwn i ar gael, ond achos nad o'n i'n credu bod gobaith caneri 'da fi fynd, ro'n i wedi ateb y byddwn ar gael heb hyd yn oed holi fy nghyflogwyr a fydden nhw'n fodlon i fi deithio yno. Ond ro'n i'n anghywir.

Os oedd hi'n ffair y tu fas i'n tŷ ni, dw i ddim yn gwbod beth i ddweud na shwd i ddisgrifio y rhialtwch yn y Fox and Hounds, unig dafarn Bancyfelin, am weddill y diwrnod. Dros ben llestri, halibalŵ go iawn. John Scone, boi o'r pentre, oedd yn cadw'r Fox ac roedd canu yn rhan bwysig o fywyd y dafarn bryd hynny. Pan fydde'r hwylie'n iawn, lan â fe ar ben stôl a morio canu, ac roedd yn rhaid i bawb arall ddilyn ei arweiniad. Os nad oedd y canu'n ddigon da, bydde fe'n stopio pawb a gweiddi arnyn nhw:

'Hold it, bois! Gallwch chi neud yn well na 'na. Nawr siapwch hi!'

Pawb wedyn yn gorfod canu ei orau achos bod John wedi dweud. Y prynhawn Sul hwnnw roedd siâp go lew ar ganu pawb. Cofiwch mai dydd Sul oedd hi, ac yn y dyddiau 'ny doedd tafarndai ddim yn cael agor ar y Sabath. Ond nid yn unig roedd drws y Fox led y pen ar agor, chaeodd y lle ddim tan yn agos i amser brecwast y bore wedyn. Ac wrth gwrs, aeth hanner y pentre ddim i'r gwaith ar y dydd Llun wedyn, fel y gallwch chi ddychmygu. 'Na beth oedd diwrnod a hanner o ddathlu!

Buodd y diwrnod yn destun siarad drwy'r pentre am ddyddiau, ond wrth i'r bwrlwm ddechrau tawelu daeth cyfle i fi feddwl ac ystyried shwd y bydde mynd i Seland Newydd yn effeithio ar 'y mywyd i. Ro'n i'n dal yn rhyfeddu ac yn methu credu 'mod i wedi cael fy newis. Fe ddechreuodd y ffaith bo fi am fynd bant 'da'r Llewod am gymaint o amser godi tamed bach o ofon arna i, mae'n rhaid dweud. Do'n i ddim wedi bod bant o gartre fawr ddim yn 'y mywyd. Dim ond llond dwrn o weithie y bues i yn Llundain ac mewn ambell fan arall yn Lloegr, a hynny er mwyn chware gêmau bant. Fyddwn i bron byth yn mynd i

Gaerdydd ac roedd gogledd Cymru fel gwlad estron i fi. Dyn fy milltir sgwâr o'n i'r pryd hynny. Teithies i unwaith i wlad dramor, i chware dros Lanelli ar daith yn yr Almaen, ond taith fer oedd honna. Nawr roedd disgwyl i fi fynd i ben draw'r byd a hynny am bum mis cyfan. Roedd yna gymysgedd o deimladau, rhyw ofnau ac ansicrwydd yn corddi tamed bach, mae'n rhaid dweud, ond roedd yna hefyd falchder i fi gael fy newis fel un o'r Llewod.

Heblaw am orfod gadael y teulu a'n ffrindie, roedd un peth arall yn pwyso ar 'y meddwl i wrth ystyried mynd bant o gartre am gyfnod mor hir. Trwy gydol 'y nghyfnod yn yr ysgol, bues i'n magu *budgies*. Mae'n siŵr bod tua hanner cant o'r adar hyfryd 'ma 'da fi ar y pryd. Beth fydde'n digwydd iddyn nhw, a finne bant am gyfnod mor hir? Roedd yna fwy o ofid i fi am fod yr adar yn magu yn ystod yr haf, ar yr union gyfnod y byddwn i bant. Yn ogystal â hyn, ro'n i'n meddwl lot am y ffaith na fyddwn i'n nabod fawr o neb ar y daith, yn benna am nad o'n i wedi chware dros Gymru, ac felly ddim yn nabod y chwaraewyr o'r gwledydd eraill yn dda iawn – y gwledydd hynny y bydde Cymru'n chware yn eu herbyn. Diolch byth bo fi'n nabod lot o fois Cymru am 'mod i'n chware yn eu herbyn nhw o Sadwrn i Sadwrn. Fe golles i gwsg yn becso am hyn i gyd, mae'n rhaid dweud. Ro'n i'n poeni wrth feddwl shwd y byddwn i'n dod i ben â phethe, a shwd y byddwn i'n delio â bod mewn lle dierth, â phobol ddierth yn gwmni.

Ond yn y diwedd buodd ymateb y teulu a phobol Bancyfelin yn help mawr i 'nghario i drwy'r cwbl.

Wrth gwrs, ro'n i wedi chware digon o rygbi i sylweddoli gymaint o anrhydedd oedd cael fy newis yn aelod o'r sgwad, felly rhaid oedd derbyn hynny a mwynhau'r profiadau a gawn i. Ond wrth ddod i dderbyn y sefyllfa, cododd problem letchwith arall. Pan 'nes i ateb y llythyr ges i gan reolwyr y Llewod yn gofyn a fyddwn i ar gael i deithio petawn yn cael fy newis, ro'n i wedi ateb yn gadarnhaol, wrth gwrs. Nawr, a finne wedi cael fy newis, do'n i ddim wedi gofyn i'r bobol yn y gwaith a fydden nhw'n fodlon i fi fynd. Shwd ar y ddaear fyddwn i'n delio 'da hyn 'te? Mae gofyn am ga'l amser yn rhydd o'r gwaith am gyfnod mor hir â phum mis yn anarferol iawn – yn wir, fydde fe ddim yn digwydd o gwbl fel arfer; fydde neb yn gofyn am shwd beth. Ond roedd yn rhaid i fi ofyn.

Yn wahanol i fois eraill y pentre, mewn â fi i'r gwaith yn y Bwrdd Trydan ar y bore Llun wedyn, ac i swyddfa Mr Lefevre, y rheolwr, i esbonio'r hyn oedd wedi digwydd y diwrnod cynt. Ei ymateb, yn syml iawn, oedd 'Congratulations! You've been chosen to go – leave it to me, you will be going.'

Wythnos wedi hynny fe ddaeth ata i a dweud ei fod wedi cael cadarnhad pendant y byddwn i'n cael mynd ond, yn fwy na hynny, roedd wedi sicrhau y byddwn yn cael fy nhalu hefyd. Felly, byddwn i'n derbyn cyflog llawn am fod bant o'r gwaith am bum mis. Pan ymunes i â charfan y Llewod yn y diwedd, fe glywes i fod hyd at hanner y chwaraewyr ddim yn cael eu talu o gwbl tra bydden nhw ar y daith. Athrawon oedd Brian Price a'r enwog Alun

Pask, a chawson nhw yr un ddime goch o gyflog tra buon nhw bant am yr holl fisoedd hynny yn Seland Newydd. Dyna beth oedd aberth aruthrol iddyn nhw a'u teuluoedd ond, diolch byth, doedd dim rhaid i fi ddiodde am fod y Bwrdd Trydan wedi bod yn gefnogol ac yn hael wrtha i. Erbyn 1966 ro'n i wedi bod yn gweithio iddyn nhw am rhyw bum neu chwe blynedd. Erbyn i fi ymddeol, ro'n i wedi cael fy nghyflogi ganddyn nhw am 47 o flynyddoedd.

Os oedd y cyflogwyr yn sbesial, roedd pentre Bancyfelin yn fwy sbesial byth wrth iddyn nhw fwrw ati i'n helpu fi i baratoi at y daith. Ces i bob math o gefnogaeth ganddyn nhw, pawb am wneud yn siŵr fod pob dim 'da fi i fynd ar y daith ac na fydde angen dim byd arall arna i. Fe wnaethon nhw'n siŵr hefyd y bydde fy nheulu'n iawn tra byddwn i bant. Dim rhyfedd bod gan bentre Bancyfelin le cynnes iawn yn 'y nghalon i. Ie, fan'na mae'r gwreiddiau dyfna, a fan'na mae 'nghartre i o hyd mewn gwirionedd, er 'mod i wedi byw yn nhre Caerfyrddin bellach ers dros 30 mlynedd. Pan 'nes i adael cartre yn y diwedd, a mynd i Seland Newydd, fe wnaeth 'y mrawd Eddie, chware teg iddo fe, edrych ar ôl y *budgies*, gorau galle fe!

2

Wncwl Vincent a Colin Meads

Y TRO CYNTA i fi gwrdd â'r bois eraill yng ngharfan y Llewod oedd lawr yn Eastbourne. Roedd y rheolwr, Des O'Brien o Iwerddon, wedi'n galw ni lawr yno am wythnos yng nghanol mis Ebrill er mwyn dechrau ymarfer. Daeth y teimladau cymysg o fod yn un o'r Llewod 'nôl i'r meddwl yr wythnos 'na hefyd. Anodd dychmygu shwd deimladau oedd 'da crwt bach o'r wlad fel fi wrth gyrraedd y gwesty yn un o dros 30 o chwaraewyr gorau Prydain ac Iwerddon a dechrau dod yn gyfarwydd â phawb a phopeth. Dw i ddim yn berson sy'n rhy sbesial am gymysgu 'da pobol eraill beth bynnag, a does dim lot fawr 'da fi ddweud wrth bobol ddierth fel arfer. Yn ogystal â'r broblem o gymysgu â phobol do'n i ddim yn eu nabod, byddwn i hefyd mor bell o gartre wrth fynd ar y daith.

Erbyn cyrraedd Eastbourne roedd deall bod cymaint o Gymry yn y garfan, 11 o'r 32, yn help mawr. Y Cymry yn y garfan oedd Dewi Bebb, Ken Jones, Stuart Watkins, Allan Lewis a David Watkins yn gefnwyr a Denzil Williams, Brian Price, Alun

Pask, Howard Norris a Gareth Prothero ymhlith y blaenwyr, gyda fi wrth gwrs. Roedd honna'n ganran uchel, yn fwy o ganran o Gymry nag oedd ar daith y Llewod i Awstralia yn 2013, er bod ein nifer ni'n llai. Roedd yn brofiad sbesial i fi bod Dewi Bebb ar y daith am mai fi a fe oedd yr unig ddau Gymro Cymraeg yn y garfan. Dim ond Cymraeg y bydde'r ddau ohonon ni'n siarad â'n gilydd. Roedd hynny'n gwneud pethe'n haws i fi deimlo'n fwy cartrefol ar y daith a dweud y gwir, ac yn glou iawn fe sylweddolon ni'n dau y bydde fe'n help mawr ar y cae hefyd. Yn y dyddiau hynny, yr asgellwr fydde'n taflu'r bêl i mewn i'r llinell. Felly, byddwn i'n gallu gweiddi yn Gymraeg ar Dewi a dweud wrtho ble yn gywir o'n i ishe'r bêl. 'Twla hi'n uwch, Dewi,' fydde hi, neu 'Twla hi damed bach yn ish.' Gwnaeth siarad Cymraeg â'n gilydd weithio'n dda iawn yn y gêmau ar y daith pan fydden ni'n chware yn yr un tîm.

Fe ddes i sylweddoli yn y blynyddoedd wedi hynny y bydde'r Gymraeg yn help mawr wrth chware dros Gymru hefyd. Yn wir, fe ddaeth yn fwy perthnasol byth wrth wisgo crys coch Cymru yn y dyddiau hynny pan oedd Gareth Edwards, Barry John, Gerald Davies a fi'n chware yn yr un tîm. Gerald fydde'n taflu'r bêl i mewn i'r llinell i fi, finne wedyn yn ei tharo i lawr i ddwylo Gareth a Barry yn derbyn y bêl 'da fe. Roedd y pedwar ohonon ni oedd yn ganolog wrth ddechrau cymal o chware o'r llinell felly yn gallu galw'r symudiadau yn Gymraeg.

Roedd Dai Watkins, maswr dawnus tu hwnt clwb Casnewydd, a hefyd Allan Lewis, mewnwr

Abertyleri, wedi chware gyda fi yn nhîm Ieuenctid Cymru. Bydde'r bois eraill yn wrthwynebwyr cyson o wythnos i wythnos ar gaeau rygbi de Cymru. Yn ogystal â hyn, Cymro hefyd oedd yr hyfforddwr, John Robins. Fe oedd y person cynta erioed i gael ei ddewis fel hyfforddwr carfan y Llewod. Ar deithiau'r Llewod cyn hynny, y rheolwr a'r is-reolwr fydde'n gyfrifol am yr hyfforddi, ond cafodd John y swydd honno yn 1966. Prop oedd e pan fydde'n chware, ac fe chwaraeodd i Gymru 11 o weithie ar ddechrau'r pumdegau, er na chwaraeai e i glwb yng Nghymru. Chwaraeodd dros sawl clwb yn Lloegr, gan gynnwys Coventry, Sale a Chaerlŷr. Cafodd yr anrhydedd anarferol o ennill dau gap dros Loegr hefyd, pan chwaraeodd yn nhîm Gwasanaethau Milwrol Lloegr mewn gêm ryngwladol yn ystod yr Ail Ryfel Byd ac ynte'n aelod o'r Llynges.

Felly, bydde Cymru'n ddigon agos ata i drwy fod yng nghwmni'r bois 'ma i gyd. Ond roedd un peth yn 'y ngwneud i'n wahanol i bawb arall, o ba wlad bynnag ro'n nhw'n dod. Do'n i ddim wedi ennill cap. Do'n i ddim yn ffito i mewn i'r patrwm, ddim yn deall pethe am y gêm fel pawb arall, ac yn sicr ro'n i'n amheus a fyddwn i'n ddigon da. Diolch byth, buodd yr wythnos yn Eastbourne yn help i ddechrau dod i nabod y chwaraewyr. Roedd y daith nesa dipyn yn hirach, wrth i ni deithio bob cam i Awstralia.

Dw i ddim yn gwbod oedd y rheolwyr wedi sylwi ar fy nerfusrwydd pan oedden ni yn Eastbourne, ond allen nhw ddim bod wedi dewis bachan gwell i rannu stafell 'da fi wedi i ni gyrraedd Awstralia. Jim

Telfer oedd hwnnw, rhif wyth yr Alban ar ddiwedd y chwedegau. Yn ddiweddarach daeth e ei hunan yn hyfforddwr ar y Llewod, yn Seland Newydd yn 1983. Mae'n siŵr mai'r hyn mae pobol yn ei gofio am Jim, heblaw am ei chware caled, yw'r araith wnaeth e ar daith y Llewod yn 1997 i Dde Affrica. Hyfforddwr cynorthwyol oedd e bryd hynny, â chyfrifoldeb dros y blaenwyr. Cyn y prawf cynta, fe gymerodd yr wyth blaenwr a gawsai eu dewis i'r naill ochr a rhoi araith iddyn nhw sydd bellach yn rhan o chwedloniaeth y Llewod. Wrth wynebu wyth o gewri mwya rygbi Prydain ac Iwerddon, dwedodd, 'This is your Everest, boys. Very few get the chance to go to the top of Everest. You have the chance today...' Pwysleisiodd fod nifer yn cael eu hystyried ond mai ychydig o chwaraewyr a gâi eu dewis. Mae'r ymadrodd ynglŷn ag Everest wedi dod yn un o ddywediadau mawr rygbi ac fe wnaeth Jim ei hunan barodi o'r araith honno yn gynharach yn 2013 wrth iddo fe siarad â grŵp o gefnogwyr y Llewod aeth mas i Awstralia.

Wrth gwrs, yn y dyfodol y bydde hynny, wedi i Jim rannu stafell 'da'r crwt tawel a nerfus o Fancyfelin mas yn Awstralia. Ond roedd yr hyn ddigwyddodd wedi hynny yn dangos y math o ddyn oedd e. Dw i ddim yn gwbod beth fuodd fwya defnyddiol iddo fe wrth ddelio 'da fi – ei allu ar y cae rygbi, y gallu a welson ni wedyn i hyfforddi'r gêm, neu'r ffaith mai fe oedd prifathro Ysgol Uwchradd Hawick. Ta beth, allen i ddim bod wedi cael gwell person i helpu fi i deimlo'n gartrefol ac i wneud i fi deimlo 'mod i'n rhan o dîm. Daeth Jim a fi'n ffrindie mawr yn dilyn hynny.

Daeth Cymro arall mas aton ni ar ôl cyfnod byr, un oedd yn chware gyda fi yn nhîm Llanelli, sef yr athrylith Terry Price. Roedd ein cefnwr ni, Rutherford o Loegr, wedi torri ei fraich a daeth Terry mas i gymryd ei le. Roedd Terry a fi wedi bod yn rhan o dîm Llanelli yn erbyn y Crysau Duon pan ddaethon nhw i chware yn 1963 ac roedd o fantais i fi fod rhywun ro'n i wedi chware yn yr un tîm ag e yn wythnosol ers sawl blwyddyn erbyn hyn yn rhan o'r grŵp yn Awstralia. Chafodd e mo'i ddewis ar gyfer y daith yn wreiddiol am iddo gael anaf i'w ben-glin. Erbyn iddo ymuno â ni roedd y pen-glin wedi gwella rhywfaint ond ddim hanner digon da i ymdopi â thaith mor hir ac mor galed â hon. Dim ond rhyw ddwy gêm chwaraeodd e yn y diwedd ac mae'n siŵr, o dan amodau heddi, fydde fe ddim wedi cael chware yn y gêmau hynny oherwydd ei anaf.

Bydden ni'n newid pa chwaraewr y bydden ni'n rhannu stafell wely â nhw bob tro y bydden ni'n symud i westy newydd, ac felly ar daith mor hir fe fuon ni i gyd yn rhannu stafelloedd gyda'n gilydd erbyn y diwedd. Diolch byth mai Jim Telfer rannodd gyda fi gynta, a bod ei ddylanwad e arna i wedi parhau ar hyd y daith. Yr ail chwaraewr y buodd yn rhaid i fi rannu stafell ag e oedd Willie John McBride. Os yw'r gair 'cymeriad' wedi gweddu i unrhyw un erioed, Willie John yw hwnnw. Cawr o Wyddel direidus, llond ei groen, yn barod i wneud pob math o driciau o fore gwyn tan nos. Fe drodd ata i wedi iddo ddeall y byddwn i'n rhannu 'da fe, a dweud 'Don't worry, Del boy, you follow me, you won't go far wrong!'

Dw i wedi meddwl droeon, petawn i wedi gwrando arno fe'r diwrnod hwnnw a'i ddilyn, mae'n siŵr na fydden i 'ma heddi! Ond er ei fod e'n fachan drygionus, bydde fe wastad wrth fy ochr i pan fyddwn i ei ishe fe. Bydde'r llaw fawr 'na'n cwmpo ar fy ysgwydd i wrth iddo fe'n annog i mla'n. Boi o'r wlad oedd e hefyd, mab ffarm, ac roedd y ddau ohonon ni'n gallu siarad am yr un pethe. Falle fod yr un fath o waed yn pwmpo drwy'n cyrff ni achos daeth y ddau ohonon ni'n bartners, ac ry'n ni'n dal i fod hyd heddi.

Ar ôl rhyw dair wythnos dechreues i deimlo'n well, diolch byth. Ro'n i wedi torri 'nghalon yn ystod yr wythnosau cynta hynny yn hiraethu am gartre, ond yna, ar ôl dod i nabod y bois, dechreues feddwl 'mod i'n perthyn i deulu newydd ac fe wnes i setlo. Pan o'n i yng nghanol y teimladau anodda hynny, do'n i ddim yn gweld pen draw'r daith gan ei bod hi'n para rhyw bum mis. Alla i ddim dychmygu shwd y byddwn i'n teimlo petawn i wedi bod yn isel fel 'na am dros bedwar mis arall. Heddi, mae teithiau'r Llewod gymaint yn fyrrach, ac wedi tair wythnos bydde Llewod 2013 hanner ffordd drwy eu taith!

Fe ddes i sylweddoli bod pob un o'r chwaraewyr eraill am i fi fod yn rhan o'r tîm. Dyna un nodwedd arall o fod mewn tîm o fois rygbi – mae'n hawdd meddwl nad yw chwaraewyr am fod yn gefn i chi am eu bod nhw'n cystadlu am eich lle chi yn y tîm. Do'n i byth yn siŵr, wrth gwrs, am y chwaraewyr hynny oedd yn chware yn yr un safle â fi. Roedd Brian Price yn chware yn yr ail reng fel fi ac roedd e'n chware yn y safle hwnnw yn nhîm Cymru. Yn yr ail reng hefyd roedd capten y Llewod, Mike Campbell-Lamerton, yn chware a dyna safle Willie John McBride wrth gwrs. Fel 'na o'n i'n meddwl ar y dechrau beth bynnag, ond fe aeth y gofidiau hynny'n ddigon clou, diolch byth. Trwy'r cwbl, fe benderfynes i mai gwell fydde cadw'n dawel, hyd yn oed yn dawelach nag arfer – profi'r dyfroedd tamed bach gynta cyn penderfynu pryd roedd hi'n iawn i gamu i mewn. Ro'n i wedi cael fy newis i fod yn rhan o'r garfan, doedd dim gwadu hynny, felly rhaid oedd bod yn bositif a gwneud 'y ngorau glas.

Roedd un dyn yn benodol wedi bod yn help mawr i fi a finne'n grwt yn gweld ishe gartre. Wncwl Vincent, brawd Mam, oedd e. Symudodd e mas i Awstralia yn 1947 a finne'n grwt rhyw bum mlwydd oed. Mecanic oedd e ac fe aeth i ben draw'r byd i chwilio am waith newydd. Erbyn i fi gyrraedd y wlad, felly, roedd e wedi byw yno am bron i 20 mlynedd ac roedd ganddo fe dŷ ar draeth Bondi. Do'n i ddim yn cofio lot amdano fe, wrth gwrs, gan iddo fe adael Cymru a finne'n ifanc iawn. Ond dw i'n cofio fe'n mynd â fi a 'mrawd ar y bws i dre Caerfyrddin er mwyn prynu bobo bâr bach o welingtons i ni.

Ar ôl bod yn Awstralia am rhyw dair wythnos, a ninne wedi cyrraedd Sydney, anghofia i byth ei weld e'n cerdded i mewn i'r gwesty er mwyn dod i 'ngweld i. Roedd yn deimlad braf, ac yn foment emosiynol iawn i'r ddau ohonon ni. Mae'n siŵr iddo fe gael tamed bach o sioc hefyd wrth weld shwd o'n i wedi tyfu. Bues i yn ei gwmni fe sawl gwaith yn ystod y daith, yn y gwesty yn Sydney ac yn ei gartre fe ar y traeth. Er y galle cysylltiad mor agos â gartre fod wedi codi mwy o hiraeth yn hytrach na bod yn help i setlo, wnaeth e ddim, diolch byth, ac roedd yr amser ges i gydag un o'r teulu'n help aruthrol i fi. Buodd hi'n daith wahanol iawn i fi wedyn ar ôl cwrdd ag Wncwl Vincent.

Fe ddes i weld yn glou iawn bod y Gwyddelod yn bobol arbennig ar daith rygbi fel hon. Mae rhywbeth ynglŷn â nhw sy'n gynnes ac yn tynnu pawb arall at ei gilydd. Dyna'n sicr allu'r hen Willie John, ond hefyd pobol fel Noel Murphy, a fuodd wedyn yn gapten ar Munster ac yn hyfforddwr ar dîm Iwerddon a'r Llewod yn 1980.

Ar y cae, roedd gêmau gyda ni yn Awstralia gynta, cyn i ni hedfan draw wedyn i Seland Newydd, sef prif gymal y daith. Wyth gêm chwaraeon ni yn Awstralia, gan gynnwys dwy gêm brawf. Er na ches i fy newis i'r gêmau prawf, roedd yr ail ohonyn nhw'n ddigon cofiadwy. Buddugoliaeth gyfforddus i'r Llewod o 31 i 0 yn erbyn tîm Awstralia oedd yn cynnwys y seren Catchpole fel mewnwr. Sgoriodd Dewi Bebb a Dai Watkins gais yr un a Ken Jones yn sgorio dau. Diwrnod da i'r Cymry, yn sicr. Bues i'n ddigon lwcus i gael fy newis ar gyfer gêm gynta'r daith yn erbyn Western Australia yn Perth. Enillon ni'r gêm yn rhwydd iawn, 60–3. Dyna'r blas cynta i fi ei gael o rygbi ar y lefel hon a rhaid cyfadde 'mod i'n teimlo'n ddigon prowd wrth gerdded bant o'r cae.

Roedd cyrraedd Seland Newydd yn eitha sioc i'r system, mae'n rhaid dweud. Yn Awstralia fe chwaraeon ni ar dir caled iawn, ac mewn haul eithriadol o dwym. Wedyn, croeson ni i Invercargill ac yno fe geson ni'n croesawu gan law trwm a chaeau mwdlyd. Alle pethe ddim bod yn fwy gwahanol. Ond nid dyna'r unig wahaniaeth rhwng y ddau le a'r ddwy wlad. Doedd dim modd cymharu'r rygbi chwaith. Yn Seland Newydd y dechreuodd y daith go iawn. Dw i'n dal i gofio'r gêm yn erbyn Taranaki. Fe godes i lan i ennill y bêl yn y llinell a theimlo 'nghoesau i'n cael eu bwrw oddi tana i. Ond nid dyna ddiwedd y stori, achos daeth saith neu wyth blaenwr mewn crysau duon drosto i a defnyddio'u traed i rycio popeth o fewn cyrraedd, popeth ond y bêl. Sdim rhyfedd i fi dorri dwy asen yn y gêm honno.

Dim ond y reff oedd ar gael bryd hynny, wrth gwrs, i reoli pob dim mewn gêm, ac un dyn bach oedd e â chyfrifoldeb dros 30 o chwaraewyr. Ar y daith honno, hyd yn oed yn y gêmau prawf, reff o Seland Newydd fydde'n cael ei ddewis i reoli'r gêm. Roedd y gêm yn sicr yn fwy garw'r dyddiau hynny. Ces i anaf arall nes mla'n ar y daith, i'r ysgwydd unwaith eto, wrth i mi gael fy nhaclo a finne yn yr awyr. Fe gwmpes i fel sach o dato i'r llawr. Er mwyn diogelu'r anaf rywfaint am weddill y gêm, fe 'nes i roi darn o *foam* o dan fy nghrys. Gwelodd y reff y *foam* a daeth ata i a dweud yn syth bod yn rhaid i fi ei dynnu fe bant.

Ei neges glir oedd 'You're either fit to play or you're not. Take it out.'

Doedd dim ffordd yn y byd y byddwn i'n cael fy newis ar gyfer y gêm brawf gynta yn erbyn Seland Newydd. Brian Price a Mike Campbell-Lamerton oedd y dewis amlwg. Willie John a fi wedyn oedd y dewis arferol ar gyfer y gêmau canol wythnos. Ceson ni grasfa yn y prawf cynta, o 20 i 3. Os cofia i'n iawn, sgoriodd y Crysau Duon dri chais a dim ond un cic gosb geson ni. 'Na beth oedd shiglad i ni i gyd. Erbyn yr ail brawf fe wnaethon nhw benderfynu bod ishe newidiadau, ac fe gafodd Willie John a fi ein dewis i ddechrau'r gêm. Wel, 'na beth oedd sioc i fi ac anodd oedd credu'r peth pan gafodd y tîm ei gyhoeddi gan y rheolwr. Doedd capten y Llewod, Mike Campbell-Lamerton, ddim wedi'i ddewis, a fi yn hytrach na fe oedd yn chware yn yr ail reng. Fe wnaeth y dewiswyr saith o newidiadau i gyd ac, yn wir, ar hanner amser roedden ni'n ennill 9–8.

Yn gynnar yn y gêm honno fe lwyddes i ddwyn eu pêl nhw yn y llinell. Daeth eu prop nhw, Ken Gray, mla'n ata i ac edrych yn syth i'n llygaid i, a dweud yn ddigon clir, rhyw fodfedd o 'nhrwyn i: 'Take another ball like that and I'll take your f*****g head off!' Croeso i rygbi Seland Newydd! Roedd e'n gwbod, wrth gwrs, 'mod i'n chwaraewr digon dibrofiad ac roedd e am godi ofon arna i. Dw i ddim yn credu 'nes i wrando gormod arno fe ac fe ges i gêm fach ddigon da. Roedd hi'n gêm y gallen ni fod wedi'i hennill ond yn anffodus fe sgoriodd y Crysau Duon ddau gais yn yr ail hanner ac fe gollon ni 12–16. A dyna ni, wrth i'r chwiban ola fynd roedd teimlad o falchder yn codi tu mewn i fi, yn fwy hyd yn oed nag y gwnaeth e yn Queensland ar ddechrau'r daith a finne'n chware am y tro cynta dros y Llewod. Ro'n i wedi ennill cap yn chware i Lewod gwledydd Prydain ac Iwerddon cyn cael fy nghap cynta dros Gymru. Wrth i ni, y bois i gyd, ishte yn y stafell wisgo wedi'r gêm, agorodd y drws a daeth rheolwr y Crysau Duon i mewn. Draw â fe ata i, estyn ei law a dweud: 'Put this in your drawer.' Yn ei law, reit o flaen fy llygaid, roedd crys un o'r Crysau Duon. Dwedodd ei fod yn deall nad o'n i wedi cael cap dros Gymru a'i fod am roi rhywbeth i fi gofio'r gêm brawf gynta i fi chware ynddi. Roedd honna'n weithred arbennig ac mae'r crys yn dal i olygu lot fawr i fi. Fe ges i sioc fawr wrth dderbyn y crys, ond pan 'nes i sylweddoli mai crys yr anfarwol Colin Meads roedd e wedi'i gyflwyno i fi, ro'n i'n teimlo yn fwy balch byth, os oedd hynny'n bosib. Fe oedd y cawr mewn gwlad o gewri. Ac nid yn unig yr adeg hynny – mae e'n dal yn un o gewri mwya'r Crysau Duon erioed. Alla i ddim dweud iddi fod yn bleser chware yn ei erbyn yn y gêm brawf 'na, ond roedd rhannu'r un cae â fe wedi bod yn anrhydedd fawr, heb sôn am dderbyn ei grys wedi'r gêm. Dyna i chi wedd arall i rygbi Seland Newydd.

Cyn y prawf nesa, dw i'n cofio fel 'tai hi'n ddoe bod gang ohonon ni wedi mynd i un o'r stafelloedd gwely yn y gwesty lle'r oedden ni'n aros er mwyn gweld ffeinal Cwpan Pêl-droed y Byd. Yn Llundain roedd hi'n cael ei chynnal, wrth gwrs, ac roedd Lloegr wedi cyrraedd y ffeinal ac yn chware Gorllewin yr Almaen.

'Na lle'r oedd llond stafell ohonon ni fois y Llewod, ym mhen arall y byd, yn mwynhau cyffro'r gêm honno, ac roedd y gweiddi a'r curo dwylo'n fyddarol pan sgoriodd Geoff Hurst ei goliau a Lloegr yn ennill y cwpan.

Ond i fi a lot o'r bois eraill o Gymru, y pleser mwya oedd cwrdd â'r Cymry oedd wedi symud i fyw i Seland Newydd wrth iddyn nhw alw yn y gwesty o bryd i'w gilydd er mwyn cael sgwrs 'da ni. Digwyddodd yr un peth yn Awstralia hefyd, ond do'n i ddim yn gallu ei werthfawrogi fe gymaint bryd hynny a finne'n colli gartre, heblaw am weld fy wncwl wrth gwrs. Bydde rhai yn galw am sgwrs ac yn mwynhau'r cyfle prin i wneud hynny yn Gymraeg gyda'r rhai hynny ohonon ni oedd yn gallu siarad yr iaith. Roedd rhai eraill wedyn yn gofyn i ni fynd 'nôl gartre gyda nhw i'w cartrefi a 'na beth oedd nosweithiau sbesial fydd yn aros yn y cof am byth. Cael croeso Cymreig bob tro a chroeso Cymraeg yn amal iawn, cwcan cartre yn lle bwyd gwesty, a digon o gyfle i siarad am eu cysylltiadau â Chymru. Roedd pethe'n well byth wedi i rai pobol ddeall 'mod i'n dod o Gaerfyrddin a nhwythe hefyd wedi bod yn byw yn yr ardal honno. Roedd yr hel ache'n dechrau wedyn a dyna lle bydden ni'n trio gweld pwy oedd yn nabod pwy. Byw neu weithio ar ffermydd mas yno roedd lot o'r Cymry a phan fydde gwahoddiad i fynd i'w cartrefi nhw, wel, ro'n i wrth fy modd. Do'n i ddim yn meddwl lot am y dinasoedd mawr fel Auckland a Christchurch a daeth y bois eraill i ddeall hynny yn ddigon clou. Pan fydden ni'n hedfan i mewn i ryw dre fach ar un o'r ynysoedd, roedd y waedd yn ddigon uchel nes bod pawb yn clywed: 'Oh, this is Del country now, boys!'

Mae'n rhyfedd: doedd y fath gysylltiadau byth yn digwydd rhwng y chwaraewyr o wledydd eraill a phobol oedd wedi symud yno o'u gwledydd nhw, dim hyd yn oed y Gwyddelod. Roedd y chwaraewyr o Iwerddon, Lloegr a'r Alban o hyd yn rhyfeddu shwd oedd y Cymry yn tynnu at ei gilydd a bod yn rhaid i Gymry mewn gwlad estron ddod i ddweud helô o leia wrth Gymro yn y tîm. Fe sylweddoles i 'na'n glir iawn ar y daith yn 1966 ac fe weles i'r un peth yn digwydd droeon wedyn wrth deithio gyda'r Llewod a thîm Cymru.

Cofiwch, roedd yn digwydd lot mwy yn Seland Newydd ac Awstralia nag oedd e yn Ne Affrica. Roedd gofal pobol Seland Newydd droston ni'n arbennig iawn hefyd. Doedd dim angen i ni dalu am fawr o ddim. Os oedd angen mynd i'r sinema, roedd tocynnau ar gael i ni. Prin iawn bod ishe talu am ddiodydd. Pobol sbesial iawn oedd pobol Seland Newydd ac fe 'nelen nhw roi unrhyw beth i chi – heblaw am yr 80 munud ar y cae. Do'n nhw ddim yn hael bryd hynny!

Roedden ni fel carfan yn cael lwfans dyddiol i'w wario, sef 10 swllt y dydd – hynny yw, hanner can ceiniog. Rheolwr banc oedd Willie John McBride wrth ei waith bob dydd, a fe oedd ein banciwr ni ar y daith. Dyna lle bydde pob un ohonon ni'n gorfod sefyll mewn rhes o flaen desg Willie John er mwyn derbyn ein harian bob bore dydd Sul. Bydde cofrestr swyddogol 'da fe o'i flaen ac enwau pawb yn y garfan ar yr ochr chwith. Ar yr ochr dde, bydde colofn arall o dan y teitl 'Hotel Damages'. Os oedd angen talu unrhyw westy am ddifrod oedd wedi cael ei wneud tra bod ni yno, yna bydde'r swm hwnnw'n dod mas o arian y lwfans oedd ar ein cyfer ni bob wythnos. Doedd dim gwahaniaeth pwy oedd wedi creu'r difrod – ac roedd yn ddigon posib bod y difrod wedi cael ei wneud gan un neu ddau – bydde'r arian yn cael ei dynnu mas o lwfans pawb. Yn eironig ddigon, y rheolwr banc call ei hunan oedd yn gyfrifol am rhyw ddifrod neu'i gilydd unwaith, wrth iddo agor y drws â'i ysgwydd, ac yn ystod y daith digwyddodd sawl peth tebyg. Yn y pum mis y bues i mas ar y daith, ches i mo'r 10 swllt yn gyfan yr un wythnos. Fe 'nes i fentro awgrymu nad oedd hynny'n deg iawn wrth Willie John unwaith a chael ateb digon plaen: 'We're in this together!'

'Nôl ar y cae, yn naturiol ddigon, roedd y capten, Mike Campbell-Lamerton, yn awchu i fod 'nôl yn y tîm ar gyfer y drydedd gêm brawf ac fe gafodd ei ddewis. Wrth ei ochr yn yr ail reng roedd Willie John McBride. Ond, er gwaetha hynny, ces i fy newis i chware yn y gêm honno hefyd – fel prop. Felly, ces ail gap i'r Llewod yn chware prop pen tyn er mwyn cael gwneud lle i'r capten ddod 'nôl i mewn i'r tîm. O'n safbwynt i, fel pob chwaraewr rygbi arall yn yr un sefyllfa, fi'n siŵr, byddwn i'n ddigon bodlon chware ar yr asgell er mwyn cael bod ar y cae yn y tîm. Ond profiad go wahanol oedd cael fy nhaflu i mewn i'r rheng flaen yn y sgrym ar daith ryngwladol. Ac wrth gwrs, pwy oedd yn propio yn fy erbyn ond yr un Ken Gray oedd wedi 'mygwth i yn y gêm brawf gynta i fi chware ynddi. Go brin y bydde'r fath newid safleoedd yn cael digwydd mewn gêmau rhyngwladol heddi. Ces i gêm ddigon teidi ond 'nes i ddeall yn eitha sydyn bod mwy i fod yn brop nag mae pobol yn ei feddwl. Colli fu hanes y tîm unwaith eto, a hynny o 19 i 6, a doedd y ffaith i ni sgorio dau gais fawr o gysur.

Dewiswyd fi i chware yn yr un safle wedyn ar gyfer y gêm brawf ola hefyd, ond ces i anaf i 'nghefn yn y gêm cyn y pedwerydd prawf a chafodd y prop arferol, y Cymro Denzil Williams, ei le 'nôl yn y tîm. Eto i gyd, yr un oedd yr hanes ac fe gollodd y Llewod o 24 i 11 ar ôl sgorio dau gais unwaith eto. Daeth y daith yn Seland Newydd i ben a ninne ddim wedi ennill yr un gêm brawf yn anffodus. Ond cofiwch, fe ddysges i wersi am rygbi a dod i wbod beth oedd rygbi go iawn wrth chware yn erbyn y Crysau Duon.

Daeth y 12fed o Fedi, y diwrnod pan fydden ni'n gadael Auckland, a'r diwrnod hwnnw'n digwydd bod yn ben-blwydd arna i. Ond gan ein bod ni'n gadael fan'na er mwyn hedfan i Honolulu yn Hawaii, roedd gofyn i ni groesi'r Llinell Ddyddiad Ryngwladol, felly fe ges i ddau ddiwrnod pen-blwydd y flwyddyn honno – un yn Auckland ac un arall yn Honolulu wedyn.

Stop ar y ffordd i Ganada oedd galw yn Hawaii. Mae'n amlwg bod y trefnwyr yn credu nad oedden ni wedi cael digon o rygbi ac felly roedden nhw wedi trefnu dwy gêm yng Nghanada ar y ffordd gartre. Profodd y gêm gynta yno'n anodd iawn. Doedd ein bois ni ddim yn gallu gwisgo eu crysau gan iddyn nhw losgi eu crwyn gymaint yn haul Hawaii! Do'n i ddim yn gallu chware oherwydd yr anaf ac felly doedd hi ddim yn broblem i fi. Ond druan o rai o'r lleill. Ro'n nhw'n diodde go iawn ac fe gollon ni'r gêm 'na, ond roedd pawb wedi gwella erbyn yr ail gêm ac fe enillon ni honna yn ddigon cyfforddus, 19–8. 'Nol â ni gartre wedyn ar ôl cyfnod hir iawn ar daith.

Fe ddaeth rhagor o deithiau gyda'r Llewod i fi wedi'r un gynta 'na, ac un yn enwedig fuodd dipyn yn fwy llwyddiannus a chofiadwy o safbwynt cyflawni rhywbeth arbennig ym myd rygbi. Ond dw i'n edrych 'nôl dros fy ngyrfa heddi ac yn dal i ddweud mai'r daith gynta yna yn 1966 oedd yr un sy'n cael y lle mwya gwerthfawr yn fy nghalon i hyd heddi. Dyna'r un sbesial. Mae'n siŵr y gall hwnna swnio'n ddigon rhyfedd i lot o bobol, gan mai dyna daith fwya aflwyddiannus y Llewod o'r cwbl i gyd. Ond mae'n wir, a hynny am y rheswm mai dyna'r tro cynta i fi gael unrhyw flas ar rygbi ar y lefel ucha, y tro cynta i fi fynd i ben draw'r byd mor bell o gartre, y tro cynta i fi gael fy newis i gynrychioli unrhyw dîm heblaw fy nghlwb, a hynny i Lewod gwledydd Prydain ac Iwerddon, a'r tro cynta i fi brofi mawredd y Crysau Duon a deall pam mai nhw yw'r tîm i'w maeddu o hyd. Roedd popeth yn newydd. Ro'n i'n dysgu cymaint. Roedd yn agoriad llygad wrth weld ffordd o fyw gwbl wahanol.

'Nôl adre, roedd fy mam a'm llystad wedi dod lan i Lundain i'n hebrwng i 'nôl o'r maes awyr – tipyn o fenter iddyn nhw bryd hynny. Roedd eu gweld yn brofiad digon emosiynol, gan na fuodd unrhyw

gysylltiad rhyngon ni am y pum mis ro'n i bant, a
Mam ishe gwbod am 'yn hanes i, a hanes ei brawd
yr un pryd. Wedyn, wrth agosáu at Fancyfelin, fe
wnaethon nhw fynnu 'mod i'n ishte ar fonet y car
er mwyn iddyn nhw 'nreifo fi i mewn i'r pentre ac
roedd pawb mas ar hyd y stryd i 'nghroesawu i.
Roedd y croeso 'nôl i'r pentre yn anhygoel. Roedd
gweld wynebau'r hen bobol yn sefyll wrth ddrysau
eu tai yn gwenu'n falch yn deimlad gwerthfawr iawn
i fi. Roedd un ohonyn nhw, Trevor Hughes, wedi dod
ata i wrth i fi adael am Eastbourne a rhoi ei law ar fy
ysgwydd a dweud wrtha i'n gadarn bod ishe i fi roi'r
pentre ar y map. Roedd gweld wynebau Trevor a'i
debyg wrth ddreifo 'nôl mewn i'r pentre yn dangos
yn glir eu bod nhw'n credu i fi wneud hynny. Dim
syndod bod y Fox and Hounds yng nghanol y dathlu,
fel roedd e ar y diwrnod y cyhoeddwyd y byddwn
i'n mynd mas i chware gyda'r Llewod. Roedd pawb
wedi dilyn hynt a helynt y gêmau drwy'r radio a'r
papurau, ac ro'n nhw wedi deall i fi ennill dau gap yn
chware dros y Llewod yn y gêmau prawf. Doedd dim
un ffordd y bydde'r trigolion wedi gweld y gêmau
ar deledu, hyd yn oed pe bydden nhw wedi cael eu
darlledu.

Mae'r pentre lle ry'ch chi'n cael eich geni yn siŵr o
gael lle amlwg iawn yn eich calon ac roedd Bancyfelin
yn golygu lot fawr i fi cyn taith '66. Ond ers y daith
honno, mae'r pentre wedi golygu cymaint yn fwy i
fi, oherwydd y ffordd y gwnaeth pawb dynnu at ei
gilydd i 'nghefnogi i a 'nheulu. Anghofia i mo'r fath
deimlad cymunedol clòs tra bydda i byw.

Wythnos ar ôl i ni ddod 'nôl o Seland Newydd cafodd y byd ei shiglo gan y newyddion am drychineb Aberfan, a degau o blant ysgol yn colli eu bywydau. Mae rhai digwyddiadau yn dangos bod mwy i fywyd na rygbi.

3

Number 14
a Phêl-droed

ROEDD GYNNAU'R AIL Ryfel Byd wedi tanio a
bomiau'r Almaenwyr newydd wneud annibendod o
dre Abertawe pan ddes i i'r byd 'ma. Ond doedd neb
ym mhentre Bancyfelin fawr callach o hynny gan ein
bod ni mewn cornel fach dawel o Sir Gaerfyrddin,
rhyw ddwy filltir o'r dre sy'n rhoi ei henw i'r sir. Yn y
flwyddyn 1942 y ces i 'ngeni, a hynny yn y pentre, fel
ry'ch chi wedi deall erbyn hyn, sy'n agos iawn at 'y
nghalon i. Dw i'n un o bump o blant – mae dau frawd
a dwy chwaer 'da fi. Fy nghartre cynta oedd bwthyn
bach ar brif hewl y pentre, tŷ Mam-gu a Dad-cu, oedd
yn cael ei alw'n Number 14, Bancyfelin. Ro'n i'n cael
fy nabod fel un o blant Number 14 gan bawb yn y
pentre. Hyd yn oed heddi, mae 'mrawd yn cael ei
nabod fel Dai 14. Roedd y tŷ ddau ddrws o dafarn y
Fox and Hounds, calon y pentre, fel y dangoswyd mor
amlwg ar y dydd y ces i 'newis i chware i'r Llewod.
Yn y dafarn yna hefyd y cafodd canolwr Llanelli a
Chymru, sydd nawr hefyd yn Llew, Jonathan Davies,
ei godi a'i fagu. Dyna pam maen nhw'n ei alw fe'n
'Foxy'.

Yn Number 14 roedden ni i gyd yn byw – hynny yw, ni'r plant, Mam, a Mam-gu a Dad-cu. Roedd 'nhad wedi gadael y teulu'n gynnar iawn a dw i ddim ishe sôn am y rhan yna o'r stori, er mwyn arbed loes i'r teulu. Yr hyn sydd yn bwysig yn fwy na dim i fi yw ein bod ni wedi cael ein codi gan Mam-gu a Dad-cu i bob pwrpas, a bod Mam yn byw gyda ni hefyd. Felly ro'n i'n cael fy sbwylio'n dost trwy gydol fy mhlentyndod a does dim lle 'da fi achwyn o gwbl.

Ganger ar y rheilffordd oedd Dad-cu, yn gweithio ar y tracs. Roedd sawl wncwl 'da fi'n gweithio ar y rheilffyrdd ac ambell un yn yrrwr trên. Gwreiddiau Sanclêr a Bancyfelin sydd yn ddwfn yn y teulu, ymhell, bell yn ôl. Roedd Mam yn un o wyth o blant, ac aros yn yr ardal i weithio oedd yr unig ddewis iddi yr adeg hynny. Dim ond un o'r wyth, Wncwl Glyn, adawodd y pentre a mynd i'r Brifysgol, ac fe ddaw e 'nôl i'r stori nes mla'n. Ry'n ni wedi clywed am Wncwl Vincent yn Awstralia'n barod. Ein stori ni oedd stori bron â bod pob un teulu ym Mancyfelin yr adeg hynny, teuluoedd Cymraeg o ran gwreiddiau ac iaith, a do'n i na gweddill plant y pentre ddim yn siarad gair o Saesneg tan ein bod yn tynnu at y deg oed dw i'n siŵr. Ac ma fe'n gwbl wir, doedd neb yn cloi drysau eu tai bryd hynny. Neb. Nid rhamantu yw hwnna – fel 'na oedd hi.

Ardal amaethyddol oedd hi, ac yw hi o hyd i raddau helaeth. Roedd helpu ar y ffermydd lleol adeg cywain gwair a helpu gyda'r defaid a'r gwartheg yn rhan o batrwm bywyd i blant fel fi nad oedd wedi cael eu magu ar ffarm. Roedd yn rhaid i bawb wneud ei ran

33

er mwyn i'r ffermydd lwyddo, a hynny wrth gwrs yn golygu bod y pentre ei hunan yn elwa hefyd. 'Nes i wario lot fawr o'n amser i'n blentyn ac yn grwt ifanc ar un ffarm yn benodol, sef Castell y Waun, ffarm Trevor ac Agnes Evans. 'Na lle ro'n i'n mynd gyda'r nos ac ar benwythnosau. Pan 'nes i adael ysgol, i'r ffarm 'na es i weithio am flwyddyn a mwy a ffarmwr fyddwn i wedi bod, mae'n siŵr, 'sa pethe ddim wedi troi mas fel gwnaethon nhw. Yr anifeiliaid ar y ffarm oedd y diddordeb mwya i fi a hyd yn oed heddi dw i wrth fy modd yn mynd i weld rhyw sioeau lleol amrywiol lle mae stoc o anifeiliaid.

Agwedd arall ar fyw yn y wlad oedd wedi cydio yndda i'n gynnar iawn oedd hela. Dad-cu oedd yn mynd â fi gyda fe i hela ac ro'n i wrth fy modd yn hela, cwningod a sguthanod yn benna. Roedd y gwningen yn rhan bwysig o'n bywyd ni fel teulu, fel i deuluoedd eraill y pentre. Yr eironi oedd nad oedden ni'n gallu fforddio prynu lot o gig eidion, er ein bod wedi cael ein hamgylchynu gan ffermydd. Ac yn sicr, doedd ffowlyn ddim yn gymaint o opsiwn ag yw e heddi. Yr unig amser roedden ni'n cael ffowlyn oedd adeg Nadolig, achos doedd dim gobaith gallu fforddio twrci. Roedd ffowlyn Dolig yn eitha trît, mae'n rhaid dweud. Cofiwch, roedd ffowls 'da ni ar waelod yr ardd, fel oedd gyda'r rhan fwya o deuluoedd y pentre, ond cadw ffowls er mwyn eu hwye oedd hi bryd hynny. Roedd cadw mochyn mewn twlc ar waelod yr ardd yn ddigon cyffredin hefyd, a dyna'r cig parod oedd cig mochyn. Fel maen nhw'n dweud, gyda mochyn roedd modd defnyddio pob rhan bosib ohono heblaw am y sgrech. Dyw hynny ddim yn swnio'n rhy dda'r dyddiau 'ma, ond fel 'na roedd bywyd mewn ardal fel Bancyfelin bryd hynny. Tipyn agosach at y pridd, tipyn agosach at rythm byd natur. Saethu a physgota oedd hi – er mwyn cael bwyd, nid fel rhyw fath o adloniant. Ond nid saethu oedd yr unig ffordd o ddal cwningen, wrth gwrs. Ro'n i wrth fy modd yn ffereta. Roedd 'na wefr wrth fynd â fferet a'i rhoi lawr twlle'r warin lle bydde'r cwningod, rhoi rhwyd wedyn dros agoriad y twll ac aros i'r gwningen folltio mas ac i mewn i'r rhwyd. Roedd lot o sbri wrth wneud hynny, a lot fawr o sbri o wneud y cwbl yng nghwmni Dad-cu – nid yn unig am ei fod yn giamster ar ddal cwningod a finne'n teimlo balchder mawr y crwtyn bach wrth weld hynny, ond am ei fod yn golygu fy mod yn gallu treulio lot o amser gydag e.

Yn gefndir i hyn i gyd, wrth gwrs, ym mlynyddoedd cynta fy mywyd, roedd y ffaith ei bod hi'n amser rhyfel. Doedden ni ddim yn gwbod fawr ddim am y rhyfel yn y pentre. Do'n i'n sicr ddim yn gwbod, oherwydd fy oedran. Ond doedd y rhyfel ddim wedi effeithio rhyw lawer ar fywyd bob dydd y pentre chwaith. Y cof cryfa sy 'da fi oedd gorfod gwneud yn siŵr bod y *blackout* yn gweithio'n iawn a chofio Mam-gu yn tynnu'r *blinds* lawr ar y ffenestri. I blentyn, roedd hwnna'n rhywbeth dramatig a chyffrous iawn. Nes mla'n, dw i'n cofio ambell wncwl yn dod 'nôl o'r rhyfel – roedd Wncwl Elwyn yn y Navy, ar y *submarines*, dw i'n cofio hwnna'n ddigon clir. Ond, 'na ni, dyna i gyd oedd yr Ail Ryfel Byd i fi a'r teulu.

Mae 'da fi lawer gwell cof o eira mawr 1947. Daeth popeth i stop yn llythrennol. Doedd dim yn mynd mewn na mas o'r pentre. Rhyfedd nawr wrth edrych 'nôl yw meddwl shwd roedd dyn yn llwyddo i gadw i fynd drwy'r fath amgylchiadau eithafol, pan oedd eira'n setlo'n drwch ym mhobman ac yn lluwcho yn domenni anferth, troedfeddi o uchder, lan at hanner ambell dŷ, ac yn cau'r rhan fwya o'r ffyrdd. Roedd byw a bod dan y fath amgylchiadau'n her go iawn, yn enwedig mewn dyddiau pan nad oedd neb wedi breuddwydio am rewgell nac oergell. Roedd gofyn cerdded y tair milltir i Sanclêr i fynd i nôl bara drwy luwchfeydd o eira. Doedd dim dŵr na thrydan gyda ni yn y pentre beth bynnag, eira neu beidio. Roedd pwmp dŵr ar dop y pentre ac un arall yn y gwaelod. Cario dŵr mewn bwcedi o'r pwmp i'r tŷ fydden ni, a Mam-gu oedd yn gwneud hynny fel arfer. Twba sinc ar y llawr o flaen y tân oedd ein bath ni, a'r tŷ bach lawr gwaelod yr ardd. Roedden ni'n trio gwneud yn siŵr y gallen ni fwydo'r ffowls yr un pryd ag roedd angen mynd i'r tŷ bach er mwyn osgoi gorfod mynd i waelod yr ardd ddwywaith. Gwaith digon trwm oedd nôl y dŵr ar y gorau, ond roedd gorfod gwneud y dasg mewn eira mawr yn llafur caled.

Daeth trydan i'r pentre ar ddechrau'r pumdegau a finne ddim ymhell o fod yn ddeg oed. Cyn hynny, deuai'r gwres ar gyfer y tŷ o'r tân glo. Yn yr haf, bydden ni fel plant yn mynd mas i dorri coed tân yn barod ar gyfer y gaeaf, er mwyn ei losgi ac arbed y glo. Roedd tomen o goed tân a blocs, ynghyd â darnau mwy o goed, wrth ochr y tŷ. Drwy gydol y gaeaf roedd gofyn twlu cot fawr drom o dan ddrws y parlwr a drws y stafell wely er mwyn cadw'r drafft mas. Mwynhad pur oedd ishte o flaen y tân yn dal darn o fara o flaen y fflamau er mwyn cael darn o dost. A 'na beth oedd sbort wrth weld darn o fara'n cwmpo i'r lludw a gorfod dechrau 'to wedyn. Ninne fel plant, wrth gwrs, ddim yn gorfod becso am gyfri sawl tafell o fara oedd yn cael ei gwastraffu, a'n rhieni ddim yn dangos i ni y galle hynny fod yn broblem mewn cyfnod pan oedd cael dau ben llinyn ynghyd yn ddigon anodd. Roedden nhw'n gadael i ni fod yn blant.

Lampau olew, y *tilly*, oedd y ffordd i ni gael gole yn y stafelloedd byw lawr llawr. Lan llofft, yn y stafell wely, cannwyll oedd yn rhoi'r gole i ni newid i fynd i'r gwely. Roedd tri gwely yn ein stafell wely ni, a'r tri brawd mewn un gwely, dau'n cysgu ar y top a'r llall ar y gwaelod. Roedd y ddwy chwaer mewn gwely arall a'n rhieni wedyn yn y trydydd gwely.

Un car oedd yn y pentre i gyd ym mlynyddoedd cynnar fy mywyd, sef car Sam Jones, perchennog garej y pentre. Roedd y car ar gael i bobol eraill ym Mancyfelin, os oedd rhyw daro neu'i gilydd yn codi.

Falle fod darlun yn ffurfio yn y meddwl erbyn hyn, darlun o'r ffordd roedd pobol yn tynnu at ei gilydd er mwyn gallu byw eu bywydau – ar y ffarm, yn y pentre, yn y tŷ a hyd yn oed rhannu yr unig gar oedd yn y pentre. Mae'n fy nharo i nawr, wrth roi hwn i gyd ar bapur, 'mod i'n gwneud i bopeth swnio'n ddelfrydol a bod elfen o greu rhyw fath o fan gwyn man draw iddo fe i gyd. Ond chi'n gwbod beth? Fel 'na'n gwmws oedd hi – mor wahanol i fel mae pethe nawr.

Pan ddes i i'r oedran iawn, fe ddes i fod yn rhan o arferiad arall yn y pentre, sef cael mynd ar y bws ar nos Sadwrn i mewn i dre Caerfyrddin. Dyna'r unig bryd y bydden i'n mynd i'r dre. Ro'n i'n cael rhyw bunt neu ddwy i fynd gyda fi ac roedd hwnna'n diflannu mewn un noson a finne heb ddime wedyn am wythnos arall. Roedd y bws i'r dre yn orlawn bob wythnos, yn llawn pobol o'r pentrefi amrywiol – Pentywyn, Talacharn, Sanclêr ac ati – yn gwasgu i mewn iddo er mwyn cael noson mas yn y dre. Erbyn cyrraedd Bancyfelin doedd dim lle i ishte o gwbl. Mewn â ni i'r dre, mynd o dafarn i dafarn neu fynd i'r pictiwrs i weld ffilm, ac yna gorfod gwneud yn siŵr ein bod ni'n barod i ddal y bws diwetha 'nôl gartre am un ar ddeg o'r gloch y nos. Fe 'nes i golli'r bws 'na sawl gwaith, a doedd dim byd amdani wedyn ond cerdded y chwe milltir gartre i Fancyfelin. Pan o'n i'n llwyddo i ddal y bws, bydde pawb yn hongian mas ohono, yn union fel chi'n gweld mewn ffilmiau o rai o ddinasoedd India heddi. Roedd gan y fath deithiau bws eu sbort eu hunain, sbort sydd ddim mor amlwg heddi mae'n siŵr, yn y dyddiau pan mae gan bawb ei gar ei hunan neu'n dibynnu ar dacsi i fynd â nhw adre yn oriau mân y bore. Roedd nos Sadwrn yng Nghaerfyrddin yn noson fawr. Dyna pryd fydde dau fath o bobol yn cwrdd â'i gilydd. Roedden ni'n galw pobol Caerfyrddin yn *townies*, ac ro'n nhw'n ein galw ni, bobol y wlad, yn *hambones* neu bosgins. Ond roedden ni'n dod at ein gilydd bob penwythnos, er na fydden ni'n ffrindie bob amser.

Achlysur arbennig arall oedd cael hanner coron gan Mam i fynd i'r pictiwrs yng Nghaerfyrddin rhyw unwaith neu ddwy y flwyddyn, fel rhyw trêt bach ychwanegol. Swllt oedd y bws, swllt i'r pictiwrs ac wedyn roedd gwerth whech ar ôl i gael *chips*. Hynny yw, i'r rhai sydd ddim yn cofio'r arian 'na, roedd pum ceiniog i dalu am y bws, pum ceiniog i fynd i'r pictiwrs a dwy geiniog a hanner ar gael ar gyfer *chips*. Noson mas am ddeuddeg ceiniog a hanner. Mae'n anodd deall hynny heddi, on'd yw e?

Yr unig drip arall ro'n i'n ei gael y dyddiau hynny oedd trip y capel, neu'r trip ysgol Sul. Ar yr adegau hynny, i Ddinbych-y-pysgod neu i Geinewydd y bydden ni'n mynd, mwy nag un llond bws o bobol o bob oedran. Roedd pawb yn sôn am y diwrnod hwnnw fel y 'Big Day Out'! Bydde'r mamau'n mynd â llond basged o frechdanau i ni fwyta ar y traeth ac roedd hwnna'n rhan o'r diwrnod mas ro'n ni i gyd yn ei fwynhau'n fawr iawn. Roedd cael mynd ar y tripiau hynny'n golygu, wrth gwrs, ein bod ni fel plant yn gorfod mynd i'r ysgol Sul bob wythnos yn ddi-ffael. Roedd yn rhan o dyfu lan, yn rhan naturiol o fywyd doedd neb yn ei chwestiynu. Falle nad oedden ni wastad ishe mynd ond, eto i gyd, doedd neb yn cwestiynu pam roedd yn rhaid i ni fynd. Nawr dw i'n edrych 'nôl ar y rhan yna o 'mywyd cynnar ac yn ei gweld fel sylfaen dda iawn i weddill fy mywyd, er nad o'n i falle yn ei weld e fel 'na ar y pryd. Mae gwerthoedd capel yn golygu lot i fi hyd heddi, er nad y'n nhw'n golygu cymaint i lawer y dyddiau 'ma, hyd yn oed yn y gymuned y ces i fy magu ynddi. Fe es i ar sawl trip am flynyddoedd wedi hynny, wrth gwrs, gyda charfanau rygbi amrywiol – clwb, Cymru a'r Llewod. Ond doedd dim un yn debyg i'r tripiau ysgol Sul yma. Dw i ddim yn awgrymu eu bod nhw'n well na'r tripiau rygbi, dim o gwbl, ond ro'n nhw'n cynnig rhywbeth gwahanol mewn cyfnod pan oedd pob dim yn dilyn yr un patrwm a fawr o bethe gwahanol yn digwydd.

Roedd Mam a Mam-gu yn hala'r rhan fwya o'u hamser yn y capel yn y pentre, a Dad-cu yn hala'r rhan fwya o'i amser yn y Fox. Dyna chi ddau ddylanwad cryf ac amlwg ar fy mlynyddoedd cynnar i. Ond beth bynnag am y dylanwadau amrywiol, roedd un peth yn gyffredin i'r cwbl – roedd popeth yn lleol. Roedd hynny'n golygu hefyd bod pawb yn yr un sefyllfa yn ein pentre ni, neb yn wahanol, neb yn eithriad. Doedd arian ddim yn golygu fawr ddim i unrhyw un ohonon ni. Doedd neb yn meddwl ein bod ni wedi gorfod mynd heb unrhyw beth, neb yn meddwl ein bod ni'n colli cyfle.

Ar ddiwedd fy nghyfnod yn yr ysgol gynradd fe symudon ni fel teulu mas o fyd Mam-gu a Dad-cu i dŷ cownsil ar stad newydd gas ei hadeiladu ar gyrion y pentre. Dyna'n cartre cynta ni ar ein pen ein hunain, a Mam, fy llystad a'r plant oedd yn symud i'r tŷ newydd. Daeth fy llystad i 'mywyd yn gynnar iawn a Mam wedi'i briodi erbyn i ni symud fel teulu i'r tŷ cownsil. Roedd fy llystad yn gweithio fel trydanwr, sydd yn eironig ddigon o gofio i fi gael fy nghodi mewn pentre lle nad oedd trydan o unrhyw fath. Roedd fy llystad, dyn o Sanclêr, yn dipyn o athletwr a bydde fe'n rhedeg mewn cystadlaethau rhedeg lleol.

Roedd yn amser hapus iawn i ni fel teulu gyda Mam-gu a Dad-cu, ac yn ein cartre ni yn y tŷ cownsil hefyd. Bob prynhawn Sul am flynyddoedd bydden i'n mynd 'nôl i dŷ Mam-gu a Dad-cu, yn ogystal â rhai o 'mrodyr a'm chwiorydd, a'u gwragedd a'u gwŷr a'u plant hefyd yn y man. Roedd Mam-gu wrth ei bodd yn gwneud bwyd i ni i gyd, gan ei bod yn hen gyfarwydd â hynny. Pan adawodd pawb y cartre, neu adael y byd 'ma hyd yn oed, dw i'n cofio Mam-gu yn dweud nad oedd dim yn waeth ganddi nag unigrwydd.

Er mwyn cael arian i gadw'r teulu roedd fy mam wedi cael gwaith yn cario'r post yn y pentre. Bydde hi'n codi am hanner awr wedi chwech y bore er mwyn dechrau ar ei gwaith ac wedyn roedd Mam-gu yn gorfod gweld ein bod ni'r plant yn iawn i fynd i'r ysgol ac ati.

O'r tŷ cownsil 'ma yr es i i Ysgol Uwchradd Sanclêr. Drwy'r pumdegau, pêl-droed oedd ein diddordeb ni fois y pentre i gyd. Doedd rygbi ddim yn rhan o'n bywyd ni o gwbl a doedd dim un ohonon ni fois y pentre yn chware'r gêm – ar y stryd nac yn yr ysgol gynradd. Doedd ein siarad ni chwaith ddim yn sôn am orchestion bois rygbi Llanelli neu Gymru. Ein harwyr ni bryd hynny oedd chwaraewyr fel Mel Charles ac Ivor Allchurch, sêr pêl-droed Abertawe a Chymru. Ac, wrth gwrs, Il Gigante Buono ei hun, John Charles, a chwaraeodd i Leeds a Juventus drwy'r pumdegau ac a enillodd 38 o gapiau i

Gymru. Bydden ni'n mynd ambell waith i'r Vetch i weld Abertawe'n chware, ac yn mynd heibio Parc y Strade wrth wneud hynny. Roedd gan bob pentre am filltiroedd o'n cwmpas dîm pêl-droed, a bob haf bydden ni'n cystadlu yn erbyn ein gilydd yn y Summer Cup. Roedd y gystadleuaeth yn uchafbwynt drwy'r sir i gyd ac yn ddiwrnod mawr i'r pentrefi bach.

Ar ddiwedd y pumdegau roedd tîm pêl-droed Cymru yn rhan o gystadleuaeth Cwpan y Byd am y tro cynta erioed, a'r unig dro byth oddi ar 'ny hefyd. Doedd dim modd i bêl-droed felly golli ei le yn ein bywydau ni fel plant. Bydde rygbi'n dod i mewn i'n byd ni a'n siarad ni nawr ac yn y man mewn rhyw ffyrdd gwahanol. Roedd brawd Mam, Glyn, wedi ennill cap fel bachwr i dîm bechgyn ysgolion Cymru. Ro'n i'n amlwg yn ymwybodol o hynny, ond wnaeth e ddim gwahaniaeth i'n harferion chware ni yn y pentre o gwbl. Yng nghanol y pumdegau, dod i ymweld oedd rygbi, nid i setlo. Hyd heddi, mae gen i ddiddordeb mawr yng ngêmau'r bêl gron a bydda i'n dilyn hynt a helynt Abertawe fel y byddwn i'n gwneud yn y pumdegau. A phan ddaw cyfle i fynd lan i weld chwaer fy ngwraig ym Manceinion, rhaid mynd i naill ai Old Trafford i weld Man U neu draw i weld Man City yn chware. Wrth gwrs, fe ddaeth rygbi i mewn i 'mywyd i yn y man, er y bu'n rhaid i fi aros i fynd i'r ysgol fawr cyn bod hynny'n digwydd.

4

Pêl a Phêl

AR FY NIWRNOD cynta yn Ysgol Uwchradd Sanclêr doedd dim pyst rygbi i'w gweld yn unman ar dir yr ysgol. Goliau pêl-droed oedd ym mhobman. Doedd hynny ddim yn broblem i fi, wrth gwrs, achos ro'n i'n awchu am gael chware pêl-droed gyda ffrindie newydd. Wedyn, ddim sbel ar ôl dechrau yn yr ysgol newydd cafon ni dipyn o sioc – yn wir, yr ysgol gyfan. Cafodd un o'r goliau pêl-droed ei thynnu i lawr ac yn ei lle rhoddwyd pyst rygbi! Roedd hyn yn fater o syndod mawr i'r bois achos doedd neb yn chware rygbi yn Sanclêr. Beth oedd diben codi pyst rygbi 'te? Digon yw dweud bod yr athro ymarfer corff newydd yn un o chwaraewyr Llanelli a doedd dim ffordd yn y byd y bydde fe'n dysgu ei bwnc mewn ysgol lle nad oedd rygbi'n cael ei chware. Felly, fe wnaeth Howard Davies newid un o draddodiadau Ysgol Sanclêr a dechrau dysgu'r bois i chware rygbi. Daeth i gael ei adnabod ym myd rygbi fel Howard Ash Davies, prop arbennig o dda a ddaeth yn gapten ar Lanelli.

Pêl-droediwr oedd fy mrawd hyna, Dai, ac roedd yn gricedwr da iawn hefyd, ond fy mrawd Eddie oedd y cynta ohonon ni i ddangos unrhyw ddiddordeb o ddifri mewn rygbi. Ac mae'n rhaid i fi gyfadde fan hyn mai fe oedd y chwaraewr gorau ohonon ni'n dau yn nyddiau ysgol. Datblygu dipyn yn hwyrach 'nes i. Roedd Eddie'n fwy o faint na fi o lawer ac wedi creu dipyn o argraff pan ddechreuodd e chware rygbi gynta. Roedd e hefyd yn gyflymach na fi ac roedd tamed bach mwy o stamp ynddo fe. Yn yr ail reng roedd e'n chware hefyd, er ambell waith bydde fe'n chware fel wythwr. Yn anffodus, cheson ni ddim gwbod pa fath o chwaraewr y gallase fe ddatblygu i fod achos fe gas e anaf pan oedd e tua deunaw oed. Yn weddol glou wedi hynny cafodd lawdriniaeth ar ei arennau a dwedodd y doctor wrtho fe am roi'r gorau i'r rygbi.

Daeth rhyw hwb bach ychwanegol i'r awch newydd am rygbi yn yr ysgol a'r pentre yn 1956. Roedd 'na gyffro mawr pan gafodd un o fois y pentre ei ddewis i chware dros Gymru. Roedd C L Davies yn chware ar yr asgell chwith i dîm Caerdydd, a'r flwyddyn honno fe enillodd ei gap cynta, a hynny yn nhîm Cymru dan gapteniaeth y seren Cliff Morgan, er nad oedd hynny'n golygu dim i fi bryd 'ny a dweud y gwir. Myfyriwr oedd CL, a adawodd y pentre i fynd i'r brifddinas, a dyna shwd oedd pobol yn amal iawn yn dechrau chware rygbi yn y cyfnod 'na – mynd bant o gartre i'r coleg. 'Cowboy Davies' oedd yr enw gafodd CL, er dw i ddim yn siŵr pam chwaith. Roedd ffys fawr ar ddiwrnod ei gêm gynta dros ei wlad. Doedd fawr ddim gobaith gan unrhyw un o'r pentre allu fforddio mynd lan i Gaerdydd i weld y gêm, a bydden ni wedi cymryd trwy'r dydd i fynd lan 'na ta beth! Doedd bron neb â theledu ym

Mancyfelin bryd hynny, ond am ryw reswm roedd Mam a fy llystad wedi cael un yn y tŷ cownsil. Felly, roedden ni'n deulu poblogaidd iawn y diwrnod 'na ac fe ddaeth rhyw 20 o bobol i gyd i'n stafell ffrynt ni er mwyn gweld y gêm. Doedd y Coroni rai blynyddoedd ynghynt ddim yn cymharu! Dychmygwch y cyffro, felly, pan groesodd CL am gais a hynny, yn well byth, yn erbyn Lloegr. Roedd hi fel ffair yn tŷ ni. Does dim amheuaeth nad oedd gwbod bod rhywun o'n pentre ni'n gwisgo crys coch Cymru wedi cael eitha argraff arna i a'r bois eraill ym Mancyfelin. Roedd yn rhaid rhedeg fel ffyliaid mas i'r stryd wedyn a chware rygbi yn erbyn ein gilydd.

Dechrau chware i dîm yr ysgol 'nes i wedyn ac, fel y bois eraill i gyd, daeth yr amser yn eitha clou pan nad oedd pêl-droed yn rhan o'n dewis ni o gwbl. Roedd yn rhaid i ni i gyd chware rygbi. Wedi i'r gêm gydio'n ddigon dwfn yn yr ysgol, dechreuodd Howard Ash dîm ieuenctid yn Sanclêr. Roedd y tîm 'ma ar gyfer y bois fydde'n gadael yr ysgol yn bymtheg oed a dim tîm ar gael ar eu cyfer y tu fas i'r ysgol. Mae'n siŵr 'da fi bod rhyw 25 ohonon ni yn y tîm pan oedd e ar ei gryfa ar ddiwedd y pumdegau. Mynd at y tîm ieuenctid 'nes i ar ôl gadael ysgol, a bues i'n ddigon lwcus i gael fy newis i chware i dîm Ieuenctid Cymru. Felly, roedd dylanwad Howard Ash wedi cydio go iawn a daeth yn amlwg yn ddigon clou, ar ôl iddo fe ddechrau cael ei ffordd yn ein hysgol ni, mai rygbi fyddwn i'n chware, nid pêl-droed fel roedd hi'n edrych yn debygol ar un adeg. Fe wnaeth e waith arbennig gyda ni, gan ddechrau trwy greu timau cadarn yn

yr ysgol, ac roedd dilyniant naturiol wedyn draw i
dîm ieuenctid y dre. Symudodd Howard i ysgol arall
wedyn a wnaeth y tîm ieuenctid ddim para'n hir wedi
hynny. Rhyfedd shwd mae dylanwad un athro mewn
ysgol yn gallu bod mor gryf ac, yn achos Howard,
roedd ei gyfraniad yn allweddol i'r ardal i gyd, nid
dim ond y tu mewn i gatiau'r ysgol.

Gan mai Howard oedd wrthi 'da'r ieuenctid hefyd,
roedd e'n gallu cadw llygad ar shwd ro'n ni i gyd yn
datblygu wrth dyfu'n hŷn. Daeth hyn yn berthnasol
tu hwnt yn fy achos i wrth i'r pumdegau droi'n
chwedegau. Roedd un o chwaraewyr ail reng Llanelli
yr adeg hynny yn un o sêr rygbi Cymru gyfan, R H
Williams. Dechreuodd chware i Lanelli yn nhymor
1949/50 yn grwt 19 mlwydd oed. Roedd yn gapten
y clwb yn 1957/58. Gwnaeth e argraff ar lwyfan fyd-
eang pan aeth ar daith gyda'r Llewod yn 1955 ac yn
1959. Yn Ne Affrica yn '55, fe enillon nhw 19 gêm mas
o'r 25 ac roedd y gyfres brawf yn gyfartal, dwy gêm yr
un. Fe wnaeth e ddisgleirio mas yn Seland Newydd
yn '59, yn enwedig yn y gêm brawf ola. Enillodd
chwe llinell o'r bron ar ddiwedd y gêm i rwystro'r
Crysau Duon rhag ennill ac fe orffennodd y gêm 9–6
i'r Llewod. Beth bynnag, erbyn dechrau tymor 1960
roedd e wedi rhoi'r gorau i chware ac wedi bwrw
ati yn ei waith fel Cyfarwyddwr Addysg Cynorthwyol
Morgannwg Ganol. Roedd angen chwaraewr ail
reng arall ar fois y Sosban felly. Ro'n i newydd droi'n
ddeunaw oed ac, o ganlyniad, yn gorfod rhoi'r gorau i
chware i'r tîm ieuenctid. Y dewis oedd gyda fi wedyn
oedd naill ai ymuno â chlwb y Cwins neu glwb yr

Athletic yng Nghaerfyrddin. Pwyso a mesur hynny ro'n i pan ddaeth Howard draw i Sanclêr i weld gêm a dechrau sgwrsio 'da fi.

'Ma trials yng nghlwb rygbi Llanelli a fi'n moyn i ti fod yn rhan ohonyn nhw.'

'Na'r neges yn syml. Wel, roedd 'yn ymateb i yr un mor syml hefyd.

'Jiw, jiw, 'sa i'n credu bod ishe i fi neud 'na. I'r Cwins neu'r Athletic ma ishe i fi fynd nesa.'

Roedd fy mwriad i ymuno ag un o glybiau Caerfyrddin wedi cael tipyn o hwb gan rai pobol eraill. Wedi iddyn nhw glywed am yr awgrym y dylwn i fynd i Lanelli, ro'n nhw'n dadlau ei bod hi'n rhy gynnar i fi fynd ac y dele cyfle rywbryd eto. Ond doedd dim pwynt i fi ddadlau 'da Howard.

'Fi wedi dodi dy enw di lawr yn barod ta beth.'

A dyna ni. Fe aeth â fi lawr i Lanelli i gael gweld oedd modd i fi ddod yn rhan o'u tîm nhw. Nawr, cofiwch nad oedd y fath beth â hyfforddwr yn bod y dyddiau hynny. Y capten oedd y dyn fydde'n trefnu popeth ar y cae a'r capten y tymor hwnnw oedd un o dri chwaraewr ail reng y clwb, Brian Thomas. Howard Jones a John Brock oedd y ddau arall, ond fe dorrodd John ei goes felly ro'n nhw un chwaraewr ail reng yn brin wedyn, gan fod RH wedi ymddeol, wrth gwrs. Fe ges i gêm brawf ddigon da, a chadarnhaodd y capten 'mod i'n rhan o'r garfan. Digwyddodd hwnna i gyd yn weddol sydyn a dweud y gwir, a rhaid cofio mai dim ond yn ddiweddar iawn ro'n i wedi dechrau chware'r gêm yn y lle cynta. Ond 'na fe, dyna ble ro'n i, ar ddechrau degawd newydd, yn rhan o garfan Scarlets Llanelli.

Chwaraeais i ddim yng ngêm gynta'r tymor hwnnw, ond daeth fy nghyfle yn yr ail gêm. Roedd Llanelli'n chware yn erbyn y Gerwyn Williams XV. Roedd lot o gêmau tebyg i 'na'n digwydd bryd hynny – gêmau yn erbyn timau oedd yn gymysgedd o 15 chwaraewr o glybiau amrywiol yn dod at ei gilydd yn enw rhyw chwaraewr enwog neu ryw fudiad. Y rhai amlyca, am wn i, yw timau'r Crawshays a'r Barbariaid. Boi o Lyncorrwg oedd Gerwyn, oedd yn arfer chware fel cefnwr i Lanelli. Roedd yn rhan o dîm Camp Lawn Cymru yn 1952 a fe oedd y cefnwr ar y diwrnod hanesyddol 'na sy lot yn rhy bell 'nôl, sef y tro diwetha i Gymru guro'r Crysau Duon yn 1953. Aeth yn athro i un o ysgolion Lloegr ar ôl ymddeol o rygbi a buodd chware yn erbyn tîm o'i ddewis e yn rhan o'r *fixture list* am gyfnod hir. Fe chwaraeais i'r gêm yn dilyn honno hefyd, yn erbyn yr Irish Wolfhounds. Roedd y gêm honno ar nos Lun, 12fed o Fedi, a'r gic gynta am chwarter wedi chwech. Dyna'r diwrnod y ces i fy mhen-blwydd yn ddeunaw oed.

Ar yr un diwrnod, lawr yr hewl, roedd crwt o Fynyddygarreg yn dathlu ei ben-blwydd yn naw oed – Ray Gravell. Chwrddon ni ddim y diwrnod hwnnw, wrth gwrs, ond bydde'r ddau ohonon ni'n rhannu gyrfa rygbi 'da Llanelli a Chymru erbyn dechrau'r degawd wedyn.

Ar yr asgell y diwrnod hwnnw yn 1960 roedd Sir Anthony Joseph Francis O'Reilly, fel mae e'n cael ei nabod heddi, ond fel Tony O'Reilly roedd yn cael ei nabod yn ystod ei gyfnod fel chwaraewr rygbi. Roedd yn asgellwr o fri ac ro'n i'n sicr wedi clywed amdano cyn y diwrnod y chwaraeais i yn ei erbyn. Roedd gwbod bod e'n chware wedi codi tamed bach o ryw nerfusrwydd ychwanegol yndda i, mae'n rhaid dweud. Maen nhw'n dweud mai fe yw biliwnydd cynta Iwerddon. Fe ddaeth yn ddyn busnes ar ôl cwpla chware, a sefydlu grŵp papur newydd yr *Irish Independent*, a daeth e'n Gadeirydd ar gwmni Heinz. Yn sicr, nid wrth chware rygbi y gwnaeth e'i arian mawr.

Ond i fod yn deg, roedd digon o chwaraewyr o safon uchel 'da Llanelli hefyd, wrth gwrs, chwaraewyr fel Aubrey Gale a Marlston Morgan. Mae gan Marlston, sy'n dal i fod yn aelod o bwyllgor clwb Llanelli, record anhygoel o chware 465 o gêmau i Lanelli – a chware am yr 80 munud llawn ymhob un, cofiwch. Anhygoel! Fe oedd capten Llanelli pan wnaethon nhw chware'r Crysau Duon yn 1963. Y canolwr oedd D K Jones, un o fois Ysgol y Gwendraeth, a enillodd 14 cap i Gymru a chwe chap i'r Llewod ar ddwy daith, gan sgorio tri chais i'r Llewod. Ei bartner yn y canol oedd Brian Davies. Ro'n i wedi ymuno â thîm o chwaraewyr dawnus tu hwnt felly, a fydde o help mawr i fi ddatblygu fy ngallu fel chwaraewr.

Roedd ambell un yn dal i ddweud 'mod i'n rhy ifanc i ddechrau chware ar y lefel yna, ac yn rhy fach hefyd. Fel arfer, dyw blaenwr yn fy safle i ddim yn prifio'n iawn nes bod e'n cyrraedd canol ei ugeiniau a dim ond rhyw 15 stôn ro'n i'n bwyso. Er mwyn gwneud rhywbeth ynglŷn â'r pwysau – doedd dim lot gallen i neud am 'yn oedran – fe 'nes i ymuno â'r YMCA yng Nghaerfyrddin. Bob wythnos byddwn i'n mynd yno i godi pwysau. Dim byd arall, dim *circuit training* neu beth bynnag arall sydd ar gael heddi, dim ond codi pwysau fydde'n cael y sylw. Doedd dim math o drefniade'n bod mewn unrhyw glwb rygbi'r adeg honno i ddatblygu ffitrwydd. Bydde chwaraewr yn ennill ffitrwydd drwy chware a chware, a hynny fydde'n gwneud chwaraewr yn ffit. Roedd y sesiynau ymarfer yn ymwneud fwy â symudiadau rygbi – pasio, cicio neu sgrymio, dim byd mwy na hynny. Ddwywaith yr wythnos roedden ni'n ymarfer yn Llanelli, bob nos Fawrth a phob nos Iau. Doedd dim unman i wneud unrhyw fath o ymarfer dan do, dim campfa na dim byd tebyg, felly mas ym mhob tywydd fydden ni, haul, glaw neu eira, ar y cae ar y Strade. Yn amal iawn ar y ddwy noson honno roedd yn fater o gwpla gwaith a mynd draw i'r Strade i ymarfer. Ambell waith doedd dim amser i fynd gartre gynta a bydde'n rhaid mynd yn syth o'r gwaith i Lanelli. Ond hyd yn oed pan oedd cyfle i fynd gartre, doedd fawr ddim amser yno i gael dim byd mwy na phaned cyn gorfod gadael eto. Ar fy mhen fy hunan y bydden i'n mynd i'r ymarfer ar y dechrau, ond wedyn fe ddechreues roi lifft i Barry John pan oedd e'n fyfyriwr yng Ngholeg y Drindod ac erbyn y saithdegau roedd Roy Bergiers a fi'n rhannu lifft, gan ei fod e'n athro yng Nghaerfyrddin.

Erbyn hynny ro'n i wedi dechrau gweithio i'r

Bwrdd Trydan. Fe ddechreues weithio iddyn nhw yr un flwyddyn ag y dechreues chware i Lanelli. Disgrifiad fy swydd fydde'r hyn maen nhw'n ei alw'n *linesman*. Roedd hynny'n golygu mynd mas ar hyd a lled y wlad yn gwneud yn siŵr bod cyflenwad trydan pawb yn gweithio'n iawn. Roedd yn waith digon difyr a dweud y gwir, ac yn golygu 'mod i'n cwrdd â phob math o bobol o fore gwyn tan nos. Roedd y gwaith yn gallu bod yn eithriadol o heriol, yn arbennig yn ystod eira mawr 1963. Yr adeg hynny buodd yr eira'n drwch ar lawr am rhyw ddeufis i gyd ac roedd gofyn wedyn cerdded drwy luwchfeydd ac eira sylweddol. Cofiwch fod hynny yn y dyddiau cyn i'r fath beth â JCB fod ar gael ar ein cyfer.

Dechrau gweithio yn ardal Caerfyrddin 'nes i ond fe unodd sawl ardal wahanol wedyn ac o fewn dim o dro ro'n i'n gweithio mewn ardal oedd yn cynnwys Llanbed ac Aberteifi hefyd. Roedd yn beth digon cyffredin i fi orfod teithio lan heibio Llan-non, Ceredigion, bron at Aberystwyth, lawr at Fynachlog-ddu a Chrymych a draw wedyn i Ddyffryn Tywi lan heibio Llanymddyfri. Ac wrth gwrs, mewn ardal o'r fath roedd gofyn ymweld â channoedd o ffermydd ac roedd hynny wrth fy modd, yn naturiol ddigon. Cymry cefn gwlad oedd pob un bron – prin iawn oedd y dieithriaid pan ddechreues i weithio. Ond fe weles i newid pendant wrth i nifer y rhai o'r tu fas i'r ardal, a rhai nad oedd yn siarad yr iaith a heb fod o'r un cefndir â fi, ddechrau dod yn fwy niferus o fewn yr ardal lle ro'n i'n gweithio.

Ambell waith roedd disgwyl i ni osod y polion

trydan a rhoi cyflenwad mewn rhyw dŷ neu mewn stryd am y tro cynta. Dro arall roedd yn golygu atgyweirio cyflenwad oedd wedi cael ei dorri mewn rhyw ffordd neu'i gilydd. Felly, ro'n i mas yng nghanol bob tywydd ac yn rheolaidd yn gorfod dringo lan i ben polion trydan. Mae'n siŵr bod hynny wedi'n helpu fi fagu rhyw ffitrwydd neu ryw gryfder naturiol a fuodd o help mawr ar y cae rygbi. Wrth i fy ngyrfa rygbi ddatblygu, roedd mwy a mwy o'r cwsmeriaid yn gwbod pwy o'n i. Yn amal iawn, roedd hynny'n esgus grêt i gael sgwrs fach ynglŷn â rygbi. Ond os oedd rhywbeth yn mynd go chwith 'da'r gwaith ro'n i yn 'i wneud, doedd dim cwato wedyn. Roedd y neges yn dod 'nôl i'r swyddfa yn dweud nad oedd hwn a hwn wedi gwneud ei waith yn iawn a'r sawl oedd yn ffonio'n ychwanegu, 'the footballer was there...' Roedd y ffaith bod pobol yn gwbod pwy o'n i yn gweithio ddwy ffordd. Daeth boi arall i chware i'r Scarlets oedd yn gwneud yn union yr un gwaith â fi, ond yn ardal Llanelli. Ie, Grav.

Weles i lot o newidiadau, wrth gwrs, yn ystod y blynyddoedd y bues i wrthi 'da'r gwaith, ac un newid cymdeithasol amlwg iawn oedd shwd oedd cefn gwlad Cymru'n newid. O flwyddyn i flwyddyn bydde mwy a mwy o bobol o'r tu fas yn dod i mewn i fyw, fel y sonies i. Fel arfer, fydde hynny ddim yn creu lot fawr o drafferth i fi yn fy ngwaith. Ond dw i'n cofio un stori, yn ardal Llanymddyfri. Buodd stormydd aruthrol ac fe dorrwyd y cyflenwad trydan i lot fawr o dai a ffermydd. Roedd angen gweithio'n ffordd o dŷ i dŷ wedyn yn ailgysylltu'r cyflenwad.

Bues i'n gwneud hynny am ddau ddiwrnod llawn yn ddi-stop, heb fynd gartre hyd yn oed, er mwyn gwneud yn siŵr bod pobol yn cael trydan 'nôl yn eu cartrefi. Mae honna'n ardal ddigon gwasgaredig o ran y tai a'r ffermydd, wrth gwrs – y funud ewch chi mas o ganol tre Llanymddyfri ry'ch chi yng nghanol cefn gwlad. Fe gymerodd sbel fach i ni gyrraedd y ffermydd mwya anghysbell, wrth reswm. Wrth i fi gyrraedd un tŷ ffarm, a finne wedi blino'n lân ar ôl gweithio am gyfnod mor hir yn ddi-dor, daeth y boi 'ma i 'nghyfarfod.

'I know your bloody game,' medde fe'n ddigon swrth. 'Just because I'm English you've deliberately left me till last!'

Doedd dim tamed o wir yn hynny, wrth gwrs. Ond fel 'na roedd e'n gweld pethe. Roedd gorfod delio ag agwedd fel 'na'n rhan newydd o'r gwaith do'n i ddim yn gyfarwydd â hi.

'Nôl ar y Strade, gan nad oedd *physio* na *gym* yn y clwb rygbi roedd gofyn i bob un ohonon ni ddod o hyd i'n ffordd ein hunen o gadw'n ddigon ffit i fod yn rhan o'r tîm. Wedi bod i'r YMCA ac wedi gweithio am gyfnod gweddol fyr fe es i lan i 16 stôn 10 pwys mewn fawr ddim o amser a, thrwy lwc, dw i wedi cadw at bron yr un pwysau ar hyd y blynyddoedd ers hynny. Os rhywbeth, fi'n ysgafnach nawr nag o'n i pan o'n i'n chware. Un peth wedodd Howard Ash wrtha i oedd ei fod yn gallu gweld y byddwn i'n dda yn y lein yn neidio i ennill pêl. Fe ddwedodd fod gen i *spring* naturiol yn y ffordd ro'n i'n neidio ac y bydde hynny o fantais aruthrol i fi. Felly roedd gofyn gweithio ar y neidio ac osgoi mynd yn rhy drwm. Doedd dim eilyddion o gwbl i gael bryd hynny a phan fydde un ohonon ni'n cael anaf roedd gofyn i ni ddal ati i chware tan ddiwedd y gêm a diodde'r anaf hwnnw neu adael y cae a gadael ein tîm un dyn yn brin. Doedd dim prinder chwaraewyr yn hercan o gwmpas y cae yn ysu am glywed y chwiban ola yn y dyddiau hynny.

Ond beth bynnag oedd y tywydd, pa mor fishi bynnag oedd y diwrnod wedi bod yn y gwaith neu pa mor galed bynnag oedd yr ymarfer, roedd wastad un peth i edrych mla'n ato fe ar ddiwedd pob noson ymarfer. Dyn y bagiau yn y clwb rygbi yn Llanelli oedd boi o'r enw Tiss. Ei gyfrifoldeb fe oedd gwneud yn siŵr bod rhywbeth i ni fwyta ar ôl gorffen ymarfer ac, yn ddi-ffael, wrth i ni gerdded i mewn i'r stafell newid, oedd yn fach ofnadw, 'na lle'r oedd plated o frechdane a bowlen o bicls. Doedd dim cawodydd, wrth gwrs, i ni gael ymolchi. Un bath mawr oedd ar ein cyfer a rhaid oedd i fi wneud yn siŵr 'mod i yn y bath yn ddigon cynnar neu bydde'r dŵr yn fochedd erbyn i fi fynd i mewn iddo fe a byddwn i'n fwy brwnt yn dod mas nag o'n i pan es i mewn. Ond does dim gwadu bod y ffordd o ymarfer geson ni wedi bod yn hwyl aruthrol ac yn rhan bwysig o'r profiad o fod yn rhan o dîm rygbi.

Cyntefig iawn oedd y Strade'r adeg hynny. Roedd Stand y De wedi'i chodi a rhyw fath o gysgod ar y Pwll End ar ochr orllewinol y cae. Tomen o rwbel oedd y Tanner Bank enwog gyferbyn â'r stand, tomen a godwyd gan ddefnyddio lot fawr o frics a cherrig o gysgodfeydd amrywiol yr Ail Ryfel Byd. Dyna lle'r oedd cymeriadau'r dorf yn casglu fel arfer ac o fan 'na'n amlach na pheidio roedd y sylwadau mwya bachog yn dod. Gan fod y cae mor agos at y dorf, doedd dim trafferth clywed beth oedd ganddyn nhw i'w ddweud chwaith. Ar yr ochr ddwyreiniol doedd dim sgorfwrdd o gwbl, fel yr un ddaeth yn enwog wedi'r gêm yn erbyn Seland Newydd yn 1972. Ddaeth hwnnw ddim tan dipyn yn hwyrach yn y chwedegau. Tomen arall o rwbel oedd yr hyn gafodd ei nabod yn ddiweddarach fel y Scoreboard End.

Gwahanol iawn oedd y dre hefyd, ac roedd gwaith dur anferth Llanelli Steelworks rhwng y môr a'r Strade. Enw pobol y dre ar y gwaith oedd Klondike, am eu bod nhw'n siŵr y bydde'n dod â chyfoeth i'r ardal pan gawsai ei agor 'nôl ar ddiwedd y 19eg ganrif. Roedd lot o'r bois a chwaraeodd i Lanelli yn gweithio yn y Klondike, yn ogystal ag yn y pyllau glo wrth gwrs. Tre'r diwydiannau trwm oedd Llanelli bryd hynny, a phan fydde gwaith newydd yn cael ei agor, mwy na thebyg mai ffatri i wneud rhannau i'r diwydiant ceir fydde honno. Rhyddhad ar ddiwedd wythnos galed o waith fydde mynd i'r Strade i weld gêm, cael cwpwl o beints a 'nôl gartre wedyn. Ar brynhawn Sadwrn roedd yn ddefod reolaidd gan y dynion i fynd o'r gwaith i'r gêm, ac roedd hynny'n cynnwys rhai o'r chwaraewyr.

Daeth profiad newydd sbon arall i fi yn y flwyddyn gynta honno, sef hedfan. Wel, 'na beth oedd sioc. Do'n i ddim wedi trafaelu'n bell iawn mewn car, heb sôn am hedfan. Roedd mynd i Lundain yn sioc i'r system. Ta beth, roedd y tîm yn chware'r Dublin Wanderers yn Nulyn ac roedd gofyn dal awyren o Gaerdydd. Roedd pob dim yn newydd i fi.

Profiad rhyfedd arall oedd y diwrnod pan wnaeth y clwb chware yn erbyn y Crysau Duon yn 1963. Doedd dim angen dweud wrth neb pwy oedd y Crysau Duon na sôn am eu mawredd fel tîm ac fel chwaraewyr rygbi. Ro'n i wedi clywed amdanyn nhw gan Howard Ash yn yr ysgol ac, fel sy'n digwydd gyda bois ysgol sy'n dod ar draws rhywbeth newydd, roedd yn rhaid gwbod popeth amdanyn nhw wedyn. Daeth troi at y papurau newydd i chwilio am straeon am y Crysau Duon yn beth cyffredin. O ganlyniad, roedd meddwl y byddwn i'n eu gweld nhw yn Llanelli, ar y cae lle ro'n i'n chware, yn rhyfeddod llwyr. Roedd cael gwbod fy mod yn mynd i chware yn eu herbyn nhw y tu hwnt i bob breuddwyd ges i fel chwaraewr rygbi. Dyna beth oedd llond cae o enwau mawr. Eu capten nhw oedd Wilson Whineray, ac roedd eu tîm yn cynnwys Brian Lochore, Waka Nathan, Don Clarke a hyd yn oed Colin a Stan Meads yn yr ail reng. Chredwn i byth fel chwaraewr ifanc yn 1963 y byddwn i mas yn Seland Newydd dair blynedd yn ddiweddarach a, fwy na hynny, yn derbyn crys Colin Meads. Ie, fi, yn 21 oed, fydde'n gorfod marco Colin Meads yn y gêm ar y Strade.

Y capten, Marlston Morgan, wnaeth ein paratoi ni fel tîm ar gyfer y gêm fawr yna a doedd dim byd yn wahanol yn y paratoi at y gêm nag a fydde ar gyfer unrhyw gêm gyffredin y bydden ni'n ei chware o wythnos i wythnos. Doedd dim ffordd i ni allu astudio pwy oedd yn chware yn ein herbyn ni, nac o gael mwy o wybodaeth am eu ffordd o chware. Ar y pryd, adroddiadau papur newydd oedd y brif ffynhonnell wybodaeth i ni chwaraewyr am dîm y Crysau Duon. Ac yn sicr, doedd 'na ddim fideos er mwyn i ni astudio eu dull o chware cyn y gêm, na ffilmiau hyd yn oed.

Pan ddaeth awr y gêm fawr, y rhyfeddod i lawer oedd ein bod ni ar y blaen ar hanner amser ac wedi rhoi gêm go galed iddyn nhw, mae'n rhaid dweud. Ond pan benderfynon nhw godi tempo eu chware yn yr ail hanner, nhw enillodd yn y diwedd, o 16 i 8. Ces i wers arall y diwrnod hwnnw wrth weld shwd roedd y bois 'ma'n chware'r gêm. Ro'n nhw'n fois naturiol o galed. Doedd dim owns o wastraff ar gorff Colin Meads, neu Pinetree fel roedd e'n cael ei nabod, a doedd e erioed wedi bod mewn *gym* yn ei fywyd. Ar y ffarm gartre roedd e'n magu ei gryfder, fel lot fawr o'r lleill yn nhîm y Crysau Duon. Ond fe lwyddodd un crwt ifanc yn ein tîm ni i adael ei farc ar un o'u chwaraewyr caleta nhw, mae'n rhaid dweud. Crwt ifanc deunaw oed oedd y cefnwr Terry Price, a chwaraeai ar yr asgell y diwrnod hwnnw, ond fe lwyddodd i dorri gên neb llai na Waka Nathan, yr un oedd yn cael ei alw The Black Panther. Daeth taith y chwaraewr hwnnw i ben yn Llanelli, diolch i Terry Price. Pan fydd rhywun yn gofyn i fi heddi pwy oedd y cefnwr gorau i fi ei weld yn chware erioed, fe weda i'n syth 'Terry Price', a hynny, cofiwch, yn hytrach na chwaraewyr fel J P R Williams a'u tebyg.

Ar ôl y gêm roedd y cinio swyddogol ar y Strade

ei hunan. Go brin bod 'na westy ar gael yn Llanelli ar gyfer y fath achlysur yr adeg hynny. Uchafbwynt y cinio yna i fi oedd cael cyfle i gyfnewid tei gyda Colin Meads. Ro'n i'n teimlo'n sbesial iawn wedi i fi gael gafael ar dei y fath chwaraewr. Do'n i ddim yn swil ynglŷn â dangos y dei 'na i unrhyw un y cawn gyfle i'w dangos iddo, a hynny am mai chware yn erbyn y Crysau Duon a chael y dei honno oedd uchafbwynt fy ngyrfa fel chwaraewr rygbi yr adeg honno. Do'n i ddim yn meddwl y galle pethe fod yn well 'na hynny.

Dysges y diwrnod hwnnw yn y gêm yn erbyn y Crysau Duon fod ffordd wahanol o chware rygbi, ffordd sydd wedi'i sylfaenu o amgylch y blaenwyr. A doedd dim gwell blaenwyr i ddysgu wrth eu traed na'r rhai y chwaraeon ni yn eu herbyn ar Barc y Strade yn 1963. O'r diwrnod hwnnw tan ddiwedd fy ngyrfa, a hyd yn oed lan at heddi, weles i erioed well pac o flaenwyr nag wyth Seland Newydd rhwng 1963 a thua 1967. Roedden nhw'n anhygoel. Wedi hynny fe ddilynes i adroddiadau pob gêm ar eu taith a dim ond yn erbyn Casnewydd wnaethon nhw golli ar y daith honno.

Ro'n i felly yn aelod o garfan Llanelli ac roedd y gêmau cynta y tu ôl i fi. Mae'n rhaid cyfadde mai digon anodd oedd y flwyddyn gynta, os nad y ddwy flynedd gynta, fel chwaraewr i Lanelli. Nid ar chware bach roedd mynd o dîm ieuenctid Sanclêr i ymuno â thîm dosbarth cynta fel Llanelli ac fe ges i hi'n anodd setlo a dysgu'r gêm. Ro'n i'n chware yn erbyn dynion oedd wedi bod yn chware'r gêm ar y lefel ucha ers pan o'n i yn yr ysgol gynradd. Rhain oedd y bois oedd yn cynrychioli eu gwlad, a'r Llewod hefyd. Oedd, roedd lot 'da fi ddysgu am y gêm ac am y ffordd o fyw hefyd. Fe lwyddes i bara, diolch byth, a rhaid diolch i Howard Ash am y cyfan. Fydde dim ffordd yn y byd y byddwn i, o ran 'yn hunan, wedi ystyried trio chware i Lanelli. I un o ddau dîm Caerfyrddin ro'n i am fynd, a dim pellach, yn sicr ddim tan 'mod i'n rhyw 25 mlwydd oed. Erbyn i fi gyrraedd yr oedran 'na ro'n i wedi bod ar daith gyda Llewod Prydain ac Iwerddon. Diolch bod 'na bobol ambell waith sydd â thamed bach mwy o weledigaeth nag sydd 'da chi eich hun.

5

Cap a Rudolph Hess

WEDI AMBELL DYMOR o chware i glwb Llanelli daeth y cyfle cynta i drio cael fy newis i dîm Cymru – a hynny, fel y sonies, drwy gêm rhwng y 'Probables' a'r 'Possibles', y cochion yn erbyn y gwynion. Yn yr ail reng i Gymru y flwyddyn honno roedd Roddy Evans o Ben-y-bont ar Ogwr, Brian Price, Brian Thomas ac Ian Ford o Gasnewydd. Roedd rhain yn fois mawr caled, ac yn llawer hŷn na fi. Ro'n i'n ddigon balch o gael fy newis ar gyfer y treialon 'ma a dweud y gwir, a chael cyfle i ddechrau deall mwy am safon rygbi rhyngwladol. Trwy chware gyda rhai chwaraewyr rhyngwladol yn Llanelli, ac yn erbyn eraill, ro'n i wedi cael peth profiad o hyn yn barod ond ar y pryd roedd y profiad o chware yn y treialon yn bwysicach na dim i fi. Yn erbyn Brian Price ro'n i'n chware yn y treialon cynta fues i'n rhan ohonyn nhw, yn 1965, ac unwaith eto, 'na i gyd galla i ddweud oedd i fi gael gwers arall y diwrnod hwnnw.

Yn yr un cyfnod, daeth cyfle i fynd i wlad dramor gyda Llanelli. Roedd y clwb wedi trefnu taith i'r Almaen er mwyn chware cwpwl o gêmau yno. Draw â ni i Ostend, trwy Wlad Belg a lan i'r Almaen. Bob tro y bydden ni'n dod i ryw ffin neu'i gilydd, y *checkpoints* amrywiol oedd yn yr Almaen y dyddiau hynny, bydde'r bws yn cael ei stopio a bydde llwyth o Almaenwyr yn dod i mewn i'r bws i siecio pawb a phopeth. Roedd pob un ohonon ni, llond bws o chwaraewyr rygbi – rhai chwaraewyr rhyngwladol hyd yn oed – yn rhy ofnus i symud modfedd na gwneud yr un sŵn. Wedi i'r milwyr archwilio popeth, bydde angen gyrru'r bws dros ryw ddrych anferth er mwyn iddyn nhw weld oddi tano. Roedd 20 mlynedd bellach ers diwedd y rhyfel, ond doedd e ddim fel 'se pethe'n lot fwy cyfeillgar wrth i ni fynd trwy'r broses 'ma sawl gwaith ar ein taith.

Ro'n ni i chware gêmau yn Mönchengladbach yng ngorllewin y wlad, rhwng Düsseldorf a'r ffin â'r Iseldiroedd. Dyma oedd cartre tîm pêl-droed Borussia Mönchengladbach. Y flwyddyn aethon ni mas 'na roedd Borussia newydd gael eu dyrchafu am y tro cynta erioed i brif gynghrair bêl-droed Gorllewin yr Almaen, fel roedd hi ar y pryd, sef y Bundesliga. Dim ond rhyw ddwy flynedd cyn hynny y cafodd y Bundesliga ei sefydlu. Fe aeth Bayern Munich i mewn i'r gynghrair am y tro cynta yr un flwyddyn â Borussia. Pêl-droed, felly, oedd yn creu'r bwrlwm yn y ddinas honno y flwyddyn yr aethon ni i chware yno ond roedd digon o ddiddordeb mewn rygbi hefyd i wneud y daith o orllewin Cymru'n werth chweil.

Fe aethon ni hefyd i Berlin. Daeth y ddinas honno â'r holl ddarllen am yr Ail Ryfel Byd yn fyw yn fy meddwl i. Doedd dim amser mawr, ychydig o dan bedair blynedd, ers i'r wal yn y ddinas gael ei chodi.

Mae'r rheswm dros ei chodi'n dibynnu, wrth gwrs, ar ba ochr i'r wal ry'ch chi'n sefyll, ond rhwystro pobol ar ochr ddwyreiniol, Gomiwnyddol y wal rhag ffoi i'r Gorllewin oedd y rheswm oedd yn cael ei roi i ni. Golygfa oedd yn ddigon i godi ofon oedd gweld cymaint o filwyr ar hyd y wal a'r weiren bigog, a hefyd yn Checkpoint Charlie. Roedd yn gallu bod yn ddigon bygythiol a dweud y gwir, yn enwedig i fachgen ifanc o'r wlad fel fi. Mae'n siŵr bod hynny'n wir hefyd i raddau helaeth am nad oedd y wal wedi cael ei chodi ers amser hir a bod y teimladau a'r tensiynau yn dal yn ffres.

Yn Berlin ro'n ni'n aros yn un o wersylloedd milwrol lluoedd arfog Prydain. Y fyddin fuodd yn gyfrifol am gyflwyno rygbi i'r Almaen yn y lle cynta, nhw ac ambell ysgol breifat yn y wlad. Ro'n ni'n aros ac yn chware yn ardal Spandau o'r ddinas, yn wir yn y gwersyll lle'r oedd carchar Spandau ei hunan. Cafodd saith carcharor Almaenig eu hanfon yno wedi diwedd yr Ail Ryfel Byd, yn benodol wedi achosion Nuremberg yn 1947. O'r saith, yr un enwoca o bell ffordd, wrth gwrs, oedd Rudolph Hess. Roedd e a dau arall o'r saith yn dal yn y carchar pan oedden ni'n chware rygbi yn Spandau. Ar y pryd, roedd e'n dal i wrthod gweld unrhyw ymwelydd – wnaeth e ddim cytuno i weld ei fab na'i ferch hyd yn oed tan 1969. Buodd e farw yn y carchar yn 1987 ar ôl bod yno am 40 mlynedd. Dw i'n meddwl ambell waith tybed oedd Hess wedi pipo mas trwy'r ffenest i edrych arnon ni'n chware rygbi yn Spandau.

Roedd y rhyfel wedi rhoi stop ar ddatblygiad

rygbi mas yn yr Almaen. Cyn y brwydro, Ffrainc a'r Almaen oedd dau brif dîm cyfandir Ewrop ac roedd yr Almaen wedi cipio'r safle cynta y flwyddyn cyn i'r rhyfel ddechrau. Ond lladdwyd y rhan fwya o chwaraewyr rygbi y wlad rhwng 1939 ac 1945, ac er nad yw rygbi wedi diflannu o'r tir yn gyfan gwbl hyd heddi yn yr Almaen, ar drydedd lefel rygbi'r byd maen nhw a dy'n nhw erioed wedi llwyddo i gyrraedd Cwpan y Byd. Serch 'ny, mae dros gant o glybiau yn y wlad nawr, yng ngorllewin a dwyrain y wlad, medden nhw wrtha i, a gobeithio y gwneith y gêm gydio yno go iawn unwaith eto.

Profiad od iawn oedd mynd ar y daith yna. Cyn hynny, un math o siarad oedd wedi bod am yr Almaenwyr, neu'r Jyrmans fel y bydden ni'n eu galw nhw gartre, sef siarad am y rhyfel a'r dinistr ro'n nhw wedi'i achosi. Roedd hwnna'n arbennig o fyw i ni yng ngorllewin Cymru, a ninne'n byw mor agos at y chwalfa yn Abertawe ar gownt bomie'r Jyrmans, prin flwyddyn cyn i fi gael fy ngeni. Buodd siarad am Abertawe'n fflam yn rhan bwysig o'r sgwrsio am sbel wedyn, a mwy falle pan ddes i'n ddigon hen i ddeall am y peth fy hunan. Ond fe aethon ni mas 'na ta beth. Dw i ddim yn gwbod beth oedd y rheswm dros benderfyniad y rhai oedd yn rhedeg y clwb i'n hala ni mas 'na. Doedd dim sbel fawr cyn hynny, ar ddiwedd y pumdegau, pan aeth y clwb i Moscow, y tîm cynta i fynd i Rwsia yn nyddiau'r Llen Haearn. Dw i'n cofio Howard Ash yn sôn am y daith 'na i Rwsia wrthon ni fois yn Sanclêr, ac roedd e'n rhan o'r daith, fel roedd

Carwyn James, gan mai fe oedd maswr Llanelli ar y pryd.

Felly, fe aeth y clwb i Moscow a Berlin mewn llai na degawd yn nyddiau ffyrnig y Rhyfel Oer. Mae'n siŵr 'da fi bod hyn yn enghraifft o ddau beth: lliw gwleidyddiaeth ein cornel ni o Gymru a rhyw deimlad digon cryf bod chwaraeon yn gallu codi uwchben *politics* – fel y daeth hi'n amlwg nes mla'n, wrth gofio am apartheid. Roedd y daith honno yn lot mwy na chyfle i chware rygbi i fi, achos daeth rhai o wersi'r ysgol yn fyw i fi. Dw i'n credu i bob un ohonon ni chwaraewyr feddwl ar ryw adeg neu'i gilydd yn ystod y daith i Berlin, 'Beth yffach i fi'n neud mas fan hyn?' Y gelyn oedd y Jyrmans i ni cyn hynny. Roedd yn rhaid i ni wahanu rygbi a hanes yn y ddinas honno a derbyn mai yno i chware gêmau ro'n ni.

'Nôl yng Nghymru, parhau i guro ar ddrws y tîm cenedlaethol oedd fy hanes i. Wedyn fe ddigwyddodd taith y Llewod yn 1966 a hynny wnaeth agor y drws i fi fod yn aelod o dîm Cymru yn y diwedd. Yn rhyfedd ddigon, ces fy nghap cynta i Gymru yn erbyn Awstralia, a ninne wedi dod 'nôl o'r wlad honno ar ôl bod 'da'r Llewod ddim sbel cyn hynny. Mae'n siŵr mai dyna'r rheswm nad oedd rhaid i fi chware yn nhreialon y 'Probables v Possibles' cyn cael fy newis i chware yn erbyn Awstralia. Roedd hynny ym mis Rhagfyr 1966.

Yn y gêm honno yn erbyn Awstralia fe gafodd dau a fydde'n gwneud eu marc ar rygbi Cymru am flynyddoedd i ddod eu capiau cynta, Gerald Davies a Barry John. Rhif 12 oedd ar gefn Gerald yn y gêm honno – fydde fe ddim yn symud i chware ar yr asgell am rai blynyddoedd wedi hynny. Roedd Terry Price yn chware yn y gêm honno hefyd, seren heb os yn fy marn i a llawer un arall. Y drefn i ni fel carfan genedlaethol ar y pryd oedd cwrdd ar brynhawn dydd Iau ar faes rygbi Heddlu De Cymru ym Mhen-y-bont ar Ogwr. Dyna lle bydde'r sesiwn ymarfer, ac wedyn gartre â ni achos bod yn rhaid i ni fynd i'r gwaith ar y dydd Gwener. Draw wedyn ar y nos Wener i westy'r Angel, Caerdydd, erbyn chwech, i gwrdd â gweddill y bois. Do'n ni ddim yn cwrdd fel carfan fwy nag unwaith cyn chware – doedd y system honno ddim wedi dechrau bryd hynny.

Colli wnaethon ni yn erbyn Awstralia, ond roedd hi'n gêm agos iawn, 11–14. Dyna'r unig dro drwy'r chwedegau i Awstralia chware yn erbyn Cymru yng Nghymru. Fe aethon ni mas 'na ar daith dair blynedd yn ddiweddarach, a daethon nhw yn ôl wedyn yn 1973. Mor wahanol yw pethe heddi, a ninne'n cael cyfle i weld Seland Newydd, De Affrica ac Awstralia yng Nghymru bob blwyddyn bron.

Y tîm chwaraeodd yn fy ngêm gynta i dros Gymru oedd Terry Price, Stuart Watkins, John Dawes, Gerald Davies, Dewi Bebb, Barry John ac Allan Lewis yn olwyr a'r blaenwyr oedd Denzil Williams, Norman Gale, John Lloyd, Brian Price, fi, Ken Braddock, Haydn Morgan, ac Alun Pask yn gapten. Tipyn o dîm, mae'n rhaid dweud, a sêr disglair yn ein plith – rhai oedd yn sêr ar y pryd ac eraill fydde'n dod yn sêr cyn bo hir.

Ar daith Awstralia yn 1966/67, fel ar sawl taith debyg yn y cyfnod, bydde'r tîm oedd ar daith yn chware yn erbyn clybiau o Gymru oedd wedi'u huno â'i gilydd am y gêm honno. Yn 1966 chwaraeodd Awstralia yn erbyn tîm a ddewiswyd o glybiau Castell Nedd ac Aberafan, tîm o Lynebwy ac Abertyleri a thîm o Cross Keys, Pont-y-pŵl a Threcelyn. Fe barodd y patrwm yma tan y saithdegau. Mae'n siŵr fod e wastad yn anrhydedd i chware yn erbyn y timau mawr o dramor, ond doedd y timau gwneud 'ma ddim cweit 'run peth â chael chware i'r clwb yn erbyn y mawrion. Yn lwcus i fi, roedd Llanelli'n cael chware yn erbyn Awstralia fel clwb. Fe drodd y gêm honno yn Ionawr 1967 i fod yn un o gêmau mawr y clwb hefyd, wrth i ni guro'r Wallabies am yr ail dro yn ein hanes, o 11 i 0. Uchafbwynt y gêm oedd cais unigol gwych gan Barry John.

Wedi'r gêm yn erbyn Awstralia dros Lanelli, roedd yn rhaid i fi gymryd rhan yn nhreialon tîm Cymru ar gyfer cystadleuaeth Pum Gwlad 1967, ond y tro 'ma ro'n i yn nhîm y 'Probables'. Os cofia i'n iawn, roedd y gêm honno yn Abertawe, ac mae un peth dw i'n ei gofio'n boenus o glir. Cefais fy nhaclo wrth godi am bêl yn y llinell, bwrwyd fy nghoesau oddi tana i, lawr â fi glatsh ar fy ysgwydd a'i bwrw mas. Dyna roi diwedd ar chware am weddill y tymor i fi, i Lanelli ac i 'ngwlad.

Cholles i ddim gornest Pum Gwlad wych o ran perfformiad tîm Cymru'r flwyddyn honno. Ffrainc enillodd y Bencampwriaeth, a does dim ishe trafod gormod ar shwd wnaethon ni fel Cymry! Digon yw dweud mai'r unig gêm i ni ei hennill oedd honno yn erbyn Lloegr, a hynny o 34 i 21.

Fyddwn i ddim yn chware rygbi am weddill tymor 1966/67. Mae'n anodd iawn derbyn rhywbeth fel 'na pan mae rygbi yn ffordd o fyw. Ro'n i wedi cael fy newis i chware i'r Llewod, wedi cael fy nghap cynta dros Gymru yn erbyn Awstralia ac yna, yn ddigon disymwth, newidiodd fy myd yn llwyr. Mae hwnna'n ergyd i chwaraewr rygbi ac fe deimles hynny i'r byw.

Ces fynd i'r ysbyty er mwyn cael *X-ray* yn syth wedi i'r anaf ddigwydd, ond doedd dim triniaeth arbennig i fi am fy mod yn chwaraewr rygbi. Roedd gofyn aros fy nhro fel pawb arall. Wedyn, ar ôl cadarnhau bod yr ysgwydd wedi symud o'i lle, rhaid oedd rhoi 'y mraich mewn sling a dwedon nhw wrtha i y bydde'n cymryd rhyw saith wythnos cyn iddi setlo 'nôl yn iawn, a chyn bo fi'n gallu meddwl am ddechrau ymarfer unwaith 'to. Felly, doedd dim triniaeth fel sydd heddi, jyst gadael i'r ysgwydd wella'n naturiol ac yna gadael iddi gryfhau gydag amser. Doedd gan y clwb ddim rhan yn y broses o wella nac adfer wedi'r anaf. Roedd yn fater o 'Gwna'n siŵr bo ti'n gwella'n iawn a dere 'nôl pan fyddi di wedi...'. Byd gwahanol iawn yw hi heddi, a'r clybiau'n anfon chwaraewr i gael triniaeth arbenigol os yw e ddim ond yn tisian!

Pan oedd pethe'n dechrau siapo a finne'n dechrau gwella, byddwn i'n mynd at naill ai'r Quins neu'r Athletic yng Nghaerfyrddin i gael gêm fach neu ddwy cyn i mi fynd 'nôl i chware yn iawn 'da Llanelli. Pryd bynnag bydde 'da fi anaf, dyna fyddwn i'n arfer ei wneud trwy gydol fy ngyrfa. Roedd yn rhaid i fi fod bant o'r gwaith bryd hynny hefyd, wrth gwrs, er buodd e'n haws mynd 'nôl i weithio na mynd 'nôl i chware.

Mae gelyniaeth neu gystadleuaeth gyfeillgar, beth bynnag chi moyn galw fe, rhwng clybiau yn yr un dre neu ardal yn beth digon cyffredin, er nad ydw i'n gallu ei ddeall e. Mae'n frwydr fawr yng Nghaerfyrddin rhwng y Quins a'r Athletic. Ar ddiwedd yr Ail Ryfel Byd, daeth lot o'r bois 'nôl o'r brwydro a ffaelu'n lân â chael eu lle 'nôl yn nhîm y Quins. Doedd y cynfilwyr ddim yn teimlo bod hynny'n ddigon da, felly fe wnaethon nhw ffurfio clwb newydd sbon o'r enw Carmarthen Athletic. A dyna ddechrau'r cystadlu brwd a ffyrnig sydd 'da ni hyd heddi – er, yn ôl yr hanes, y Quins oedd y clwb fydde'n llwyddo i fod ar y brig yn y dre am flynyddoedd. Mae 'da fi ffrindie yn y ddau glwb a dw i wedi chware i'r ddau dîm. Sa i'n deall pam nad yw pobol yn gallu cyd-dynnu'n well nag y maen nhw.

Diolch byth, ro'n i wedi gwella'n ddigon da i allu mynd ar daith i wlad dramor wedyn gyda chlwb Llanelli, y tro 'ma i'r Eidal. Mas â ni i'r haul yn Catania a Rhufain. Nawr, os o'n i wedi clywed am Berlin a'r Almaen cyn mynd mas yno gyda thîm Llanelli, ro'n i wedi clywed am Rufain cyn mynd hefyd, ond am resymau cwbl wahanol. Nid erchylltra'r Ail Ryfel Byd ond y straeon ysgol Sul a glywes yn ystod 'y mhlentyndod a ddaeth 'nôl i'r meddwl wrth ymweld â'r ddinas hyfryd honno. Yr holl ddigwyddiadau yn y Testament Newydd ro'n

i wedi'u clywed yn y capel ym Mancyfelin a'r holl
beth yn dod yn fyw o flaen fy llygaid. Ro'n i'n cael
fy atgoffa o'r hyn a ddysges yn y gwersi hanes yn yr
ysgol hefyd wrth i fi fod yno. Darllen am y Colisewm
mewn llyfrau ro'n i wedi'i wneud, ond wrth gyrraedd
yno gyda fy nghyd-chwaraewyr roedd y cwbl yno o
flaen fy llygaid. Tipyn o brofiad. Roedd yn rhwydd
dychmygu, wrth ishte yn y Colisewm, yr hyn oedd
wedi digwydd mas 'na yng nghyfnod y straeon ro'n i
wedi'u clywed wrth dyfu.

Roedd pethe'n newid yn weddol glou yn y byd
rygbi yng Nghymru ar ddiwedd y chwedegau. Yn
1967, daeth newid mawr yn hanes Llanelli. Cafodd
dyn o'r enw Ieuan Evans ei ddewis yn hyfforddwr
ar y clwb, y tro cynta i rywun heblaw'r capten
hyfforddi'r tîm. Y flwyddyn honno hefyd, rhoddwyd
y cyfrifoldeb o hyfforddi tîm Cymru i un dyn, Dai
Nash, cyn-chwaraewr rhyngwladol ac un a fu'n Llew
hefyd. Roedd y syniad o gael un hyfforddwr penodol
ar gyfer tîm rygbi wedi cydio am y tro cynta erioed
yn y gêm.

Boi o'r Betws, Rhydaman oedd Ieuan Evans, mab
i löwr a dyn oedd, fel fi, wedi dwlu ar bêl-droed
sbelen cyn dangos unrhyw ddiddordeb mewn rygbi.
Bu'n chware rygbi rhwng 1947 ac 1958 i dimau
Rhydaman, Castell Nedd, Llanelli ac Abertawe cyn
cwpla'i yrfa gyda thîm enwog Amman United, y tîm
lle dechreuodd Shane Williams chware, wrth gwrs.
Athro ysgol oedd Ieuan Evans a dyna oedd patrwm
y duedd newydd 'ma – defnyddio athrawon ymarfer
corff ysgol uwchradd fel hyfforddwyr. Bu Ieuan yn

hyfforddi tan iddo ymddeol fel athro yn 1980. Yn y cyfnod hwnnw, gan mai gêm amatur oedd rygbi i chwaraewyr a hyfforddwyr, chafodd e'r un ddime goch am ei wasanaeth, ddim yn swyddogol beth bynnag. Ond fe gafodd ei anrhydeddu'n swyddogol am ei wasanaeth i fyd rygbi pan gafodd ei dderbyn i'r Orsedd yn 1982 dan ei enw barddol, Ieuan Morlais.

Pan ddaeth Ieuan i'w swydd fel hyfforddwr ar y Strade, nid yn unig roedd e'n dod 'nôl i ble bydde fe'n arfer chware cynt, ond hefyd roedd e'n dod 'nôl i weithio gydag ambell chwaraewr roedd e'n gyfarwydd iawn â nhw. Yn 1963, Ieuan oedd hyfforddwr tîm ieuenctid Cymru, a'r cynta erioed i gael ei ddewis i fod yn y swydd honno. Y nod wrth greu'r fath rôl oedd cau'r bwlch rhwng safon rygbi ysgolion a safon rygbi mewn clybiau dosbarth cynta. O dan y drefn honno felly, roedd Ieuan yn gyfrifol am ddatblygiad chwaraewyr fel Phil Bennett, Derek Quinnell a Stuart Gallacher gan fod y tri yn rhan o'i dîm yn Llanelli. Fe hyfforddodd Ieuan Ray Gravell fel chwaraewr ifanc 'da ieuenctid Cymru hefyd, ond roedd e wedi gadael cyn i Grav ddechrau chware ar y Strade.

Fe newidiodd pethe pan ddaeth hyfforddwr i'r clwb. Doedd dim cymaint o bwysau ar y capten wedi 'ny. Alle'r capten ddim cadw golwg ar y blaenwyr a'r olwyr mewn gêm, gan ei fod e'n gorfod chware hefyd a chanolbwyntio ar ei gêm ei hun. Galle'r hyfforddwr ar yr ystlys edrych ar bawb yn yr ymarfer a hefyd mewn gêm, gan gadw llygad ar y tîm cyfan a rhoi sylw i'w dull o chware.

Ar lefel bersonol, roedd newyddion da yn fy aros yn 1968. Ro'n i wedi cael fy newis i fod yng ngharfan Llewod Prydain ac Iwerddon unwaith eto, a hynny'r tro 'ma ar gyfer eu taith i Dde Affrica. Ro'n i wrth fy modd, yn naturiol ddigon. Allen i ddim bod wedi gofyn am well anrheg. Dim ond un gêm yn erbyn Awstralia a thair gêm yng nghystadleuaeth y Pum Gwlad yn gynharach y flwyddyn honno ro'n i wedi eu chware dros Gymru, a dyna felly gyfanswm fy mhrofiad rhyngwladol yn y tîm cenedlaethol. Wrth gwrs, ro'n i wedi bod yn rhan o garfan y Llewod ar eu taith i Seland Newydd yn 1966. Roedd hynny wedi ychwanegu at 'y mhrofiad ac mae'n amlwg bod hynny'n un o'r rhesymau dros gael fy newis i fynd ar y daith. Serch hynny, ro'n i mewn sefyllfa ddigon rhyfedd o baratoi i fynd ar fy ail daith gyda'r Llewod a finne ddim ond wedi chware dros fy ngwlad bedair gwaith. Ond doedd y daith i Dde Affrica ddim byd tebyg i'r un yr es i arni yn '66 i Seland Newydd.

6

Apartheid
a'r Aderyn Pren

A HITHAU'N DDIWEDD y chwedegau, roedd gen i syniad
go dda o'r hyn y gallen i ddisgwyl ei weld mas yn Ne
Affrica. Dw i ddim yn foi gwleidyddol iawn – dw i
erioed wedi bod – ond roedd hi'n amhosib peidio â
gwbod beth oedd yn digwydd yn y wlad honno ac am
y problemau bryd 'ny. Roedd hen ddigon o straeon
ar y rhaglenni newyddion am sefyllfa apartheid yn
y wlad. Doedd dim sbel fawr ers i Mandela gael ei
daflu i'r carchar ac yn 1968 roedd stori fawr am
un o gricedwyr Lloegr, Basil D'Oliveira. Cawsai
D'Oliveira ei eni yn Ne Affrica i rieni o hil gymysg.
Chafodd e mo'i ddewis i chware dros Loegr ar daith
i Dde Affrica oherwydd pryderon y bydde hynny'n
creu trafferthion gwleidyddol rhwng y ddwy wlad,
er i hynny greu anniddigrwydd mawr yn Lloegr ar y
pryd. Wedi anaf i aelod arall o garfan Lloegr, ildiwyd
i'r pwysau a chafodd ei ddewis wedi'r cwbl – ond
gwrthododd De Affrica dderbyn carfan newydd
Lloegr oedd yn cynnwys D'Oliveira a bu cwmpo mas
mawr rhyngddynt. Yn y diwedd, ffaelon nhw ddod i

gytundeb, a'r canlyniad fu iddyn nhw ganslo'r daith yn gyfan gwbl.

Doedd dim lot o drafod ynghylch a ddyle'r Llewod fynd i Dde Affrica neu beidio – doedd y ddadl 'na ddim wedi cydio go iawn yn y byd rygbi pryd 'ny. Dw i'n siŵr mai barn y rhan fwya ohonon ni oedd nad oedd gwleidyddiaeth a chwaraeon yn cymysgu ac mai yno i chware gêm o rygbi oedden ni. Cadwodd lot fawr o chwaraewyr mewn amryw o chwaraeon at yr agwedd 'na, hyd yn oed pan aeth y ddadl ynglŷn â chwaraeon ac apartheid yn fwy tanllyd.

Beth bynnag, mas â ni i Dde Affrica a finne'n cael mynd i wlad newydd eto, y chweched neu'r seithfed un i fi fod ynddi mewn cwpwl o flynyddoedd. Y peth cynta wnaeth fy nharo wrth gyrraedd yno oedd pa mor gyfoethog oedd y wlad. Ro'n i'n gyfarwydd â thomenni glo di-ri yn ardal Cross Hands a'r Tymbl drwy'r pumdegau a'r chwedegau, ond tomenni aur oedd mas man'na. Ro'n i'n disgwyl gweld cymdeithas wedi'i rhannu'n ddwy ar sail hil. Ond nid y du a'r gwyn fwrodd fi'n syth ar y dechrau, ond y ffaith bod pobol gyfoethog iawn yno a phobol eithriadol o dlawd hefyd. Wedyn, wrth weld yn fanylach â'm llygaid 'yn hunan, daeth bywyd y bobol dduon yn amlycach. Ces i eitha shiglad a dweud y gwir wrth weld shwd ro'n nhw'n cael eu gorfodi i fyw mas 'na. Chadwech chi ddim ffowls na moch yn y fath amgylchiadau 'nôl gartre. Alle'r gwahaniaeth mewn ffordd o fyw ddim bod yn fwy o ystyried y ffordd roedden ni'n cael ein trin fel carfan o chwaraewyr rygbi a'r math o fywyd erchyll roedd pobol yn gorfod ei fyw yn Soweto. Aeth cwpwl ohonon ni ar daith answyddogol i Soweto er mwyn cael gweld y lle droson ni ein hunain. Alla i ddim dechrau disgrifio shwd mor wael oedd pethe yno.

Ro'n ni'n cael ein trin fel brenhinoedd ym mhob gwesty lle'r oedden ni'n aros. Ond wrth gamu mas o'r gwesty gyda'r nos, profiad ofnadw oedd gweld cymaint o bobol yn byw yn nrysau'r siopau mawr, a theuluoedd cyfan yn amal yn byw mewn bocsys cardbord. Yn ystod y dydd wedyn, ro'n ni'n gweld plant mân iawn yn rhedeg o gwmpas trwy brysurdeb y ddinas heb ddim am eu traed ac yn gwisgo trowsusau byr a fest yn hongian oddi ar eu hysgwyddau esgyrnog. Dw i'n ei chael hi'n anodd iawn ceisio esbonio beth weles i ac, yn sicr, yn anoddach byth esbonio shwd oedd e'n gwneud i fi deimlo. Rhowch e fel hyn: dyw beth y'ch chi'n weld â'ch llygad eich hunan ddim byd tebyg i'r hyn ry'ch chi'n ei weld ar y teledu. Roedd y meddwl yn troi'n amal at fywyd cyfforddus pentre Bancyfelin yn ystod y cyfnod 'ny wrth weld shwd oedd rhai pobol yn gorfod diodde mas man'na.

Dw i'n cofio mynd i siop yn Johannesburg ac roedd rhes o bobol o 'mla'n i yn aros i gael eu syrfio. Fe wnaeth menyw'r siop fy ngalw i mla'n i'r ffrynt, o flaen pawb. Roedd pawb arall yn y rhes yn bobol dduon, wrth gwrs. Gwrthodais, gan ddweud eu bod nhw yno o 'mla'n i a 'mod i'n fodlon aros 'y nhro. Ond gwrthododd hi fy nadl yn llwyr a bu'n rhaid i fi fynd i du blaen y rhes cyn pawb arall. Roedd hwnna'n deimlad ofnadw.

Ychydig wedi hynny fe aeth rhyw dri neu bedwar ohonon ni mas am bryd o fwyd yn Port Elizabeth. Bwyty ar bwys ein gwesty oedd e ac ar y ffordd 'nôl fe welon ni ddyn du a'i hen racsyn o gar wedi torri lawr. Roedd yn amlwg bod y batri'n fflat. 'Jwmpa tu ôl yr olwyn a newn ni roi *bump start* i ti!' gwaeddon ni'n pedwar arno fe a dyna ddigwyddodd. Dechreuodd y car yn ddigon clou a jwmpodd y boi mas o'i sedd a rhedeg draw aton ni, wedi rhyfeddu'n llwyr ein bod ni wedi gwneud y fath beth. Cwmpodd ar ei bengliniau o'n blaen ni a diolch yn ddiddiwedd.

'Nôl mewn â ni i'r gwesty ac fe alwodd y dyn y tu ôl i ddesg y dderbynfa arnon ni a dweud wrtha i'n ddigon crac:

'You shouldn't have done that!'

'What do you mean?' medde fi.

'You shouldn't have done what you've just done. We don't do things like that out here!'

'Put it like this,' medde fi 'nôl wrtho fe. 'If it was you in that car, wouldn't you be glad if someone helped you to get it going again?'

Atebodd e mohono i. Roedd clywed pobol yn siarad fel 'na'n agoriad llygad heb os i ni, fel roedd gweld bysys gwahanol ar gyfer y bobol dduon a'r bobol wynion. Aeth lot ohonon ni'r chwaraewyr i chware golff rhyw ddiwrnod. Roedd un o'r bois, David Brooks, wedi colli rhyw ddwy neu dair pêl achos doedd e'n cael fawr o hwyl arni y diwrnod hwnnw. Roedd ei *shots* e ar chwâl i gyd. Fe drodd at y *caddie*, boi du wrth gwrs, a dweud:

'You have a go!' Ac roedd e o ddifri ac am gynnig tro i'r boi du.

'No, no, boss. I will lose my job if I do that.'

Ond mynnodd David y dyle gael tro. Fe wnaeth yn y diwedd, a lawr â'r bêl yn hyfryd trwy ganol y *fairway*. *Shot* arbennig! Roedden ni'r Llewod yno i gyd yn gytûn, petai bachgen fel fe'n cael cyfle i ddatblygu'r dalent honno oedd ganddo, bydde fe'n siŵr o lwyddo. Ond y trueni mawr, wrth gwrs, oedd nad oedden nhw'n cael unrhyw fath o gyfle i ddatblygu eu talent. Dyle fod yr hawl ganddyn nhw i wneud hynny yn eu gwlad eu hunain.

Hanner ffordd drwy'r daith, gelon ni bump diwrnod o doriad yn y *game reserve* ym Mharc Cenedlaethol Kruger. 'Na beth oedd profiad arbennig, yn enwedig am ein bod yn aros mewn cabanau gwellt. Bydden ni'n codi am bump bob bore er mwyn cael gweld yr hyn maen nhw'n alw'n 'The Kill'. Dyna pryd bydde'r anifeiliaid ysglyfaethus fel y llewod yn mynd i hela, cyn i'r haul godi go iawn, gan y bydde hi wedyn yn rhy dwym iddyn nhw fod mas ar dir agored, heb fynd i gysgodi. Profiad cyffrous iawn oedd bod o fewn ugain llath i lew a hwnnw'n lladd anifail arall. Anghofia i fyth y diwrnodau hynny mas yng nghanol bywyd gwyllt Affrica, a chael ei weld a'i brofi â'n llygaid fy hunan. Wedi'r cyfan, bywyd cefn gwlad oedd e, fel 'nôl gartre, ond â gwahaniaethau amlwg, wrth gwrs.

Ond roedd cysgod dros yr ymweliad 'na hefyd. Daethon ni ar draws grŵp o ddynion duon, 30 neu 40 ohonyn nhw, yn torri'r tyfiant ger afon lle'r oedd sawl crocodeil yn ymgartrefu. Roedd sawl un o'r dynion yn agos iawn at y dŵr ac ambell un o bryd i'w gilydd yn gorfod camu i mewn iddo. Yn 'gofalu' amdanyn nhw roedd 'na un dyn gwyn, Afrikaan, â dryll yn ei law.

'Aren't you at risk from the crocodiles?' gofynnes iddo fe.

'Oh yes,' medde fe, 'that's why I've got the gun.'

'But do some of the men get killed?'

'I don't know,' medde fe. 'We don't bother to count them when they come back.'

Ar y ffordd 'nôl o barc Kruger roedden ni i gyd mewn ceir gwahanol ac roedd pump o chwaraewyr gyda'r gyrrwr yn ein car ni. Mas trwy ffenest y car fe welon ni lwyth o blant ar ochr yr hewl, plant tua phump, chwech a saith mlwydd oed ar eu pennau eu hunain, heb yr un oedolyn yn agos atyn nhw. Wedi gweld sawl grŵp o blant fel hyn, fan hyn a fan'co ar hyd yr hewl, rhaid oedd gofyn i'r gyrrwr pam eu bod nhw yno.

'Oh, take no notice,' medde fe. 'The fathers send the children out from the villages to the roadside to sell some things they've made so they can get a bit of extra money.'

Dwedes i wrtho fe stopio'r car y tro nesa y bydde fe'n gweld grŵp tebyg o blant. Ond mynd heibio sawl grŵp o blant wnaethon ni a'r gyrrwr yn gwrthod yn lân â stopio'r car. Gwnaethon ni ei argyhoeddi yn y diwedd ac fe gytunodd stopio, er ei fod yn protestio ac yn gwneud yn erbyn ei ewyllys. Gwrthododd stopio reit wrth y plentyn bach oedd yn sefyll yno ar ochr yr hewl, a daeth y car i stop lathenni heibio iddo fe. Wrth i ni agosáu, rhedodd y plentyn at y ffens y tu ôl iddo ac aeth yn sownd ynddi, gan edrych arnon ni â golwg ofnus iawn yn ei lygaid mawr brown.

Gofynnon ni beth oedd yn bod arno fe, ond wrth gwrs, doedd e ddim yn ein deall ni. Gofynnodd y gyrrwr iddo yn ei iaith ei hun, ac fe geson ni'r ateb. Roedd y bachgen bach wedi dychryn am ei fod yn meddwl mai'r heddlu oedden ni. Eglurodd ei bod yn erbyn y gyfraith iddyn nhw werthu anrhegion fel hyn ar ochr y ffordd. Wedi iddo dderbyn nad yr heddlu oedden ni fe agorodd ei fag a dangos yr hyn oedd ganddo i'w werthu, sef llwyth o anifeiliaid pren amrywiol wedi'u cerfio.

Prynodd pob un ohonon ni rywbeth gan y crwt ac fe gafodd sawl *rand* 'da ni o ganlyniad, yn ogystal â'r losin, yr orenau a'r ffrwythau amrywiol oedd 'da ni yn digwydd bod yn y tacsi. Rhoddodd yr arian a phopeth arall i mewn yn ei sach fel petai wedi ennill trysor mawr ac roedd y wên ar ei wyneb yn un lydan a disglair wrth iddo wneud hynny. Bant â fe 'nôl drwy'r tyfiant y tu ôl i ni, gan redeg nerth ei goesau bach tenau at ei deulu i roi anrhegion y dydd iddyn nhw.

Fe brynes gerfiad o aderyn ganddo fe, ac er i ni symud tŷ fel teulu deirgwaith ers i fi ddod 'nôl o Dde Affrica, mae'r aderyn 'na wedi dod 'da ni bob tro. Alla i ddim ei daflu fe tra bydda i byw, a hynny am ei fod yn fy atgoffa o'r crwt bach ar ochr yr hewl yn Ne Affrica. Pan fydda i'n gweld yr aderyn ar y silff yn y tŷ, bydda i'n amal yn meddwl beth dda'th o'r crwt bach 'na. Yr hyn sy'n fwya tebygol yw ei fod wedi hen farw erbyn hyn.

Do'n ni ddim yn gallu newid y system wrth fynd mas yno. Eto i gyd, wrth fod yn y wlad a gwneud rhyw gymwynasau bach fel honna i ddangos i'r bobol wynion bod ffordd arall o fyw, roedd cyfle i awgrymu nad oedd hi'n gywir trin y bobol dduon fel ro'n nhw'n ei wneud. Roedd rhywun felly yn teimlo ein bod ni'n helpu tamed bach ar y sefyllfa.

Un peth arall sy'n aros yn y cof o'r daith honno yw bod yn Newlands, Cape Town a chwrdd â'r dyn cynta 'rio'd i gael trawsblaniad calon. Meddyg o Dde Affrica, Dr Christiaan Barnard, oedd yn gyfrifol am y llawdriniaeth yn Ysbyty Groote Schuur, Cape Town, a hynny ychydig fisoedd cyn i ni fynd mas 'na ar y daith. Fe ddaeth Christiaan Barnard a Louis Washkansky, y dyn gafodd y llawdriniaeth, i stadiwm enwog y Newlands. 'Na lle oedd y boi yn taflu pêl rygbi aton ni yn ein tro ar y cae, fisoedd yn unig ar ôl cael calon newydd. Er y cyd-chware, doedden ni ddim yn cael shiglo ei law na'i gyffwrdd mewn unrhyw ffordd, rhag ei heintio siŵr o fod.

Roedd y rygbi'n wahanol mas 'na 'fyd, gwahanol siort o rygbi'n llwyr i'r hyn ro'n ni wedi ei chware mas yn Seland Newydd. Roedd yr aer yn wahanol fan hyn wrth gwrs, a'r ddaear lot yn fwy caled oherwydd y tywydd. Ro'n ni fel blaenwyr yn teimlo hynny'n bendant. Bob tro ro'n ni'n bwrw'r ddaear, roedd hi'n gadael ei marc arnon ni. Eto i gyd, os oedden ni'n cael unrhyw anaf, pa mor ddifrifol bynnag, roedd y dyfarnwyr ag agwedd gwbl wahanol bryd 'ny. Doedd neb yn cael rhedeg mla'n â sbwnj a dŵr i'n helpu ni. O na! Mla'n â'r gêm a 'Coda ar dy draed, gwd boi' oedd neges glir yr edrychiad yn llygaid y reff.

Daeth ein hyfforddwr ni mla'n yn ystod un gêm, yn Bloemfontein, Free State, er mwyn rhoi dŵr i chwaraewr oedd ar lawr wedi iddo gael dolur. Halodd y reff e bant o'r cae yn ddigon clou. Doedd dim ots bod y tymheredd yn yr wythdegau a bod yr aer yn denau iawn. Na, yr unig amser roedd hawl 'da ni gael dŵr oedd ar hanner amser. Er mwyn ein helpu ni ddelio 'da gorfod chware yn y fath dywydd, roedd gofyn i ni gymryd tabledi halen unwaith y dydd, gan ein bod yn chwysu cymaint. Anghofia i fyth mo'r tabledi 'na. Ro'n nhw'n anferth, bytu'r un maint â hanner coron, ac yn dipyn o job i'w llyncu.

Yn y Free State maen nhw'n tyfu orenau, a hynny ym mhob man drwy'r dalaith. Roedd gweld canghennau'n llawn orenau yn y siopau ac ar ochr yr hewl yn ddigon cyffredin. Gêm galed oedd honno geson ni yno yn erbyn Orange Free State, gêm tamed bach yn fochedd a bod yn onest. Tra bod un o'n bois ni yn cael ei drin ar lawr wedi iddo gael anaf, hedfanodd yr orenau 'ma o'r dorf a 'na lle ro'n ni'n sefyll ar y cae dan gawod o ffrwythau. Tynnodd Willie John McBride ni i gyd i ganol y cae, fel ein bod ni'n bellach bant o'r ffans. Llwyddon ni ennill yn y diwedd, o 9 i 3.

Mae'r daith 'na i Dde Affrica yn enwog ac yn rhan o hanes y Llewod, ond ddim am resymau mor dda â 'ny. Un o'n props ni ar y daith oedd y Cymro John O'Shea. Roedd e'n dipyn o gymeriad ar y cae a bant

Y tri brawd – Eddie, Dai a fi

Fi ac Eddie yn Number 14, Bancyfelin

Fi ar ddechrau'r pedwardegau

Codi pwysau gartre ym Mancyfelin
– ma'r bar dal 'da fi!

Chware i dîm ieuenctid Sanclêr ar
ddiwedd y pumdegau

Fy ymateb wedi imi glywed y byddwn
yn mynd ar daith gyda'r Llewod am y tro
cynta!

Dathlu wedi i fi lwyddo cyrraedd y tŷ
o'r diwedd

Cyflwyniad gan Gadeirydd y Bwrdd Trydan ar ôl
cael fy newis i chware i'r Llewod

Y *budgies* y bues i'n becso
amdanyn nhw cyn mynd ar daith
gyda'r Llewod

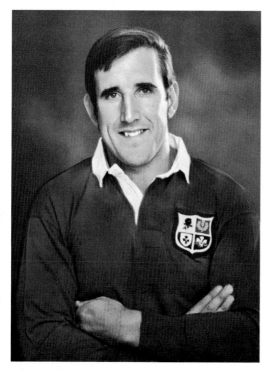

Y crys Llewod cynta

Gadael am bum mis i fynd gyda'r
Llewod i Seland Newydd yn 1966
– un ces a cit bag!

Llewod 1966 – cyfarfod i ddathlu yn Neuadd Bancyfelin a C L Davies, cap cynta'r pentre, ar y dde

Y Llew ar gefn ei geffyl yn Ne Affrica

Cap cynta dros fy ngwlad

Brian Price yn fy llongyfarch ar gael fy newis i chware i Gymru yn ei le yn 1969 – gêm y Goron Driphlyg yn erbyn Lloegr – am ei fod wedi ei anafu. Y Gareth Edwards ifanc yn cadw llygad arnon ni!

Chware yn erbyn Fiji ar y ffordd 'nôl o daith Cymru i Seland Newydd yn 1969

Cael croeso 'nôl o daith lwyddiannus y Llewod i Seland Newydd yn 1971 gan Faer Caerfyrddin a channoedd o bobol yr ardal

Ar falconi enwog Neuadd y Dre, Caerfyrddin ar yr un achlysur

Fi, Roy Mathias, Phil Bennett, Roy Bergiers a Derek Quinnell ar y ffordd i Dde Affrica gyda Llanelli yn 1972

Gyda rhai o fois Llanelli ar y ffordd i Dde Affrica

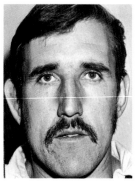

Pen pic o raglen 1972

Y meistr, Carwyn James

Llun lliw prin iawn o gêm Llanelli yn erbyn y Crysau Duon yn '72

Agor gorsaf betrol yn Llanelli ddim sbel ar ôl curo'r Crysau Duon

Cwpan yr Undeb cynta Llanelli yn 1973

Cwpan arall!

Un o'r 454 o gêmau dros Lanelli

Cwpan arall eto!

Fy mam a fy llystad, 1950

Eddie, Wncwl Glyn – fu yn y Llynges – a Dad-cu

Fi ac Eddie ym mhriodas ein chwaer, Pamela

Bethan a fi cyn priodi, tua 1963

O'r chwith, fy chwiorydd Beryl a Pamela, Eddie fy mrawd, fi, fy mam a fy llystad

Mam-gu a Tad-cu adeg eu priodas aur, yn y Mansel Arms, Caerfyrddin

Priodi yn Eglwys San Pedr,
Caerfyrddin, 1967

Dechrau mwynhau yn Amroth 'da'r teulu ar
ôl ymddeol

Gyda Tracy

Mwynhau mas yng Nghanada gyda
Bethan ar ôl ymddeol

Gyda'r teulu ar ôl ymddeol yn ein
hen dŷ yn Johnstown

Ar y Coral Reef ar daith mas i
weld fy wncwl

Y teulu – fi, Tracy a'i mab Robert, Bethan a Helen

Fi a Robert ar y traeth yn Sir Benfro

Fi a Roy Bergiers yn cwrdd â'r Llew o'r Alban, Gordon Brown, yn yr Ivy Bush, Caerfyrddin

Cyfle i gwrdd â Bryan Williams, Llywydd Undeb Rygbi Seland Newydd ac aelod o'u tîm nhw yn 1972; cinio dathlu ein buddugoliaeth, 2012

Y Llew gorau ohonyn nhw i gyd, Willie John McBride, tu fas i Neuadd y Brangwyn, Abertawe adeg oedfa goffa Mervyn Davies

Mwynhau'n fawr ym Mharc y Scarlets: Cinio Elusen gyda Gareth, Clive, Phil a Roy, 2012

Cael fy urddo i'r Orsedd yn Eisteddfod
Genedlaethol Llanelli, 2000

Ffrind annwyl

Pedwar o Lewod yr Orsedd: Terry Davies, Clive Rowlands, Grav a finne

o'r cae 'fyd. Roedd e damed bach yn rhy handi 'da'i ddwrn un diwrnod, a bant â fe, y Llew cynta i gael ei anfon oddi ar y cae am chware brwnt. Cafodd John ei wahardd rhag chware am ddwy gêm wedi 'ny. Roedd John yn ddyn gwerthfawr iawn i'w gael ar daith ac yn gymeriad gwresog oedd yn ein cadw ni i gyd i chwerthin drwy'r amser. Roedd un o'n chwaraewyr ni wedi torri asgwrn yn ei law cyn 'ny ac wedi gorfod mynd bant 'fyd – 'na chi'r math o gêm oedd hi. Roedd yn rhaid i fi fynd i chware prop wedyn yn ei le fe. Lwcus i fi gael ambell gêm yn y safle 'na cyn 'ny!

Ar ryw daith awyren neu'i gilydd, a ninne'r Llewod i gyd yn teithio arni, fe aeth John i mewn i sedd y peilot a chydio yn y meicroffon a gâi ei ddefnyddio i siarad â'r teithwyr.

'This is your captain speaking! We will be landing in the airport – or thereabouts – in about half an hour or so!'

Roedd pawb arall yn edrych yn syn ac wedi drysu wrth glywed y cyhoeddiad, yn enwedig pan wedodd 'or thereabouts'. Ond roedden ni, ei gyd-chwaraewyr, yn gwbod yn iawn, wrth gwrs, pwy oedd y tu ôl i'r cyfan. Mae ei fab yn union yr un peth â fe heddi – Rick O'Shea, sy'n rhan o dîm sylwebu gêmau rygbi BBC Cymru.

Do'n i ddim wedi cael fy newis i chware yn y ddwy gêm brawf gynta yn erbyn De Affrica, ond daeth fy nghyfle erbyn y drydedd gêm brawf. Cefais fy newis... fel prop! Mae'n amlwg bod fy mherfformiad yn y safle hwnnw wedi i John gael ei anfon bant wedi bod yn ddigon da i fi ennill fy lle yn y tîm prawf. Cefais fy newis fel prop yn yr un safle ar gyfer y pedwerydd prawf hefyd.

Er bod y bobol dduon yn cael dod i mewn i weld ein gêmau ni, ro'n nhw'n cael eu cadw mewn un man penodol y tu ôl i'r pyst ac ar un ochr o'r cae. Roedd rhyw fath o rwyd wedi'i chreu o wifrau a honno dros 20 troedfedd o uchder yn eu cadw yn eu lle. Ro'n nhw, i bob pwrpas, mewn caets. Yr unig gefnogaeth oedd 'da ni fel Llewod mewn sawl lle ar y daith oedd gan y dynion duon. Bob tro y bydde ein cefnwr ni, Bob Hiller o Loegr, yn cymryd cic at y pyst – ac anaml iawn y bydde fe'n methu, yn arbennig os mai at y pyst lle ro'n nhw'n sefyll roedd e'n cicio – bydde'r bobol dduon yn gweiddi a sgrechen eu cymeradwyaeth. Bydde Bob wedyn yn cymryd mantais o 'ny ac yn cydnabod eu hymateb. Doedd dim tamed o ots 'da Bob ei fod e, siŵr o fod, yn pechu'r bobol oedd wedi'n gwahodd ni mas 'na trwy ochri gyda'r bobol dduon. Nid dyna oedd y pwynt iddo fe, nac i'r gweddill ohonon ni. Nid mynd mas 'na i gadw'r gwynion yn hapus wnaethon ni.

Profiad anghyffordus iawn oedd bod yn Ne Affrica. Roedd 'na gysgod dros yr holl daith. Fe wnaethon ni fwynhau'r profiadau wrth chware rygbi ond roedd gweld shwd oedd y bobol dduon yn cael eu trin yno'n troi'r stumog yn amal. Mae pethe wedi newid erbyn heddi, diolch byth.

Dw i'n dal i ddweud, serch hynny, mai Seland Newydd yw fy hoff wlad o'r gwahanol wledydd dw i wedi ymweld â nhw yn ystod y teithiau rygbi.

7

Clive a Carwyn

CYFNOD O NEWID oedd y chwedegau, mewn llawer o wahanol ffyrdd. Roedd hynny'n wir hefyd ym myd rygbi, er na fydde'r byd wedi sylwi fawr ddim ar hynny, mae'n siŵr. Bryd hynny gwelon ni newidiadau mawr yn y ffordd roedd y gêm yn cael ei threfnu a'i chware, ac mae llawer o'r newidiadau hyn yn dal gyda ni yn y gêm heddi.

O fewn cyfnod o flwyddyn fe ddes i dan ofal dau ddyn arbennig iawn a ddylanwadodd ar fyd rygbi Cymru am flynyddoedd wedi hynny. Cydiodd Clive Rowlands yn yr awenau gyda thîm cenedlaethol Cymru am y tro cynta ar daith Cymru i'r Ariannin yn ystod haf 1968, ond wedi hynny daeth tro ar fyd gyda Phencampwriaeth y Pum Gwlad yn 1969. Y flwyddyn honno hefyd y daeth Carwyn James i Lanelli. Erbyn diwedd 1969, felly, ro'n i'n chware dan arweiniad y ddau gawr yma, y ddau ohonyn nhw'n llwyddiannus yn eu ffyrdd eu hunain.

Dyna'r flwyddyn yr aeth tîm Cymru mas i Seland Newydd dan arweiniad Clive. Roedd yr Undeb yn rhoi capiau am chware yn y gêmau rhyngwladol hyn yn erbyn Seland Newydd. Fe aeth Clive â thîm Cymru i'r Ariannin y flwyddyn cynt – y tro cynta i dîm o Gymru fynd dramor o dan ofal hyfforddwr – ond doedd neb yn cael cap am chware yn eu herbyn nhw bryd hynny. Yn y dyddiau hynny, doedden nhw ond yn rhoi capiau am chware yn erbyn y gwledydd eraill ym Mhencampwriaeth y Pum Gwlad a hefyd yn erbyn y tair gwlad yn hemisffer y de. Er i ni ennill y gêmau rhanbarthol yn Seland Newydd, colli'r ddwy gêm brawf oedd ein hanes. Ches i ddim fy newis ar gyfer y gêm gynta ond fe 'nes i chware yn yr ail, oherwydd i Brian Thomas gael anaf. Ac er i ni golli, roedd yn braf iawn cael bod 'nôl yn y wlad honno unwaith eto a phrofi gwres croeso'r bobol.

Ar y ffordd adre, roedd angen stopio yn Awstralia er mwyn chware gêm brawf yn Sydney. Enillon ni'r gêm 'na, 19–16, diolch i dri chais gan Gerald Davies, Dai Morris a John Taylor a 10 pwynt oddi ar droed y canolwr Keith Jarrett. Sgoriodd Gerald ei gais o'r asgell. Y daith honno oedd y tro cynta iddo gael ei roi i chware yn y safle hwnnw gan mai fel canolwr roedd e wedi chware cynt. Penderfynodd Clive bod angen ei symud mas i'r asgell er mwyn iddo gael mwy o le i ddangos ei ddawn, a 'na beth oedd penderfyniad call gan iddo sgorio. Dyna'r tro ola i dîm o Gymru faeddu Awstralia mas 'na ac mae honna'n record y byddwn i'n ddigon bodlon gweld ei thorri.

Ond doedd y daith ddim ar ben 'to. Roedd un stop arall cyn cyrraedd 'nôl i Gymru, a Fiji oedd hwnnw. Trefnwyd gêm yn erbyn tîm Fiji yn Suva, ac unwaith eto, gêm heb gapiau oedd hon. Fe enillon ni yn ddigon cyfforddus o 31 pwynt i 11, er mai 8–8 oedd y sgôr ar hanner amser. Sgoriodd ein hwythwr ni, Dennis

Hughes, dri chais, ac un yr un wedyn gan Maurice Richards a John Taylor. Ciciodd Jarrett bum trosiad a chafwyd un gôl adlam gan JPR. Un peth sy'n aros yn y cof wrth feddwl 'nôl am y dyddiau hynny yn Fiji yw'r gwres. Bois bach, roedd hi'n dwym 'na, gwres trwm a gwlyb iawn. Ond, unwaith 'to, pobol hyfryd a chyfeillgar.

Fe ddaethon ni 'nôl adre o'r daith honno wedi mwynhau'n fawr. Dim ond yr ail daith swyddogol i hemisffer y de oedd hon i dîm o Gymru. Aeth y daith gynta i Affrica yn 1964, a bryd 'ny Clive Rowlands oedd capten tîm Cymru. Fe chwaraewyd un gêm yn erbyn De Affrica a thair gêm ranbarthol ac yna un gêm yn Kenya yn erbyn tîm Dwyrain Affrica. Roedd teithiau fel hynny yn gwbl newydd ar y pryd ac roedd yn ddechrau ar batrwm sy'n dal hyd heddi. Roedd y byd rygbi yn sicr yn dechrau ymestyn a datblygu.

Roedd yr holl syniad o hyfforddi yn gymharol newydd hefyd ar ddiwedd y chwedegau. Roedd Ieuan Evans wedi dechrau fel hyfforddwr cynta'r Scarlets a Dai Nash wedi ei ddewis yn hyfforddwr cynta Cymru rhyw flwyddyn neu ddwy ynghynt. Roedd sawl un wedi bod yn galw ers blynyddoedd lawer am gael hyfforddwr i bob prif glwb, ac i dîm Cymru yn ogystal. Bydden nhw'n tynnu sylw at y ffaith bod hyfforddi'n digwydd ar bob lefel drwy'r ysgolion ond bod hynny'n gorffen y funud y bydde chwaraewr yn chware mewn tîm dosbarth cynta, gan gynnwys y tîm cenedlaethol. Newidiwyd y drefn yna yn y diwedd a bues i'n lwcus iawn i gael chware dan reolaeth dau a fuodd yn ddylanwad ac yn eiconau mor arbennig ar ddechrau cyfnod newydd yn hanes y gêm.

Roedd lot o drafod ynglŷn â'r ddau ohonyn nhw, yn enwedig pan gafodd Carwyn James ei wrthod rhag cael ei ethol yn aelod o Fwrdd Undeb Rygbi Cymru. Ond mae'n rhaid dweud, er mor wahanol oedd arddull y ddau hyfforddwr, roedd y ddau'n dipyn o bartners.

Roedd Clive yn un ohonon ni, yn un o'r bois. Roedd e, wrth gwrs, wedi cael gyrfa hir a disglair gyda chlybiau rygbi Cwm-twrch, Aber-craf, Pont-y-pŵl, Llanelli ac Abertawe yn ogystal â chyda thîm Cymru. Cafodd ei ddewis i fod yn gapten ar Gymru pan enillodd ei gap cynta ac o hynny mla'n bu'n gapten ar ei wlad bob tro y chwaraeodd dros Gymru. Tipyn o gamp! Roedd e wedi byw y byd rygbi rhyngwladol fel un o'r bois ar y cae.

Gwahanol iawn oedd Carwyn, wrth gwrs. Fe gafodd e ddau gap yn 1958 am chware rygbi. Yn anffodus iddo fe, roedd e wastad yn byw dan gysgod yr athrylith Cliff Morgan, a gadwodd grys rhif 10 tîm Cymru am gyfnod hir. Roedd Carwyn, fel Clive, yn athro. Bu'n athro yn Ysgol Ramadeg y Bechgyn, Caerfyrddin ac yna yng Ngholeg Llanymddyfri, cyn symud i fod yn ddarlithydd yng Ngholeg y Drindod, Caerfyrddin.

Yn fwy na hynny, roedd personoliaethau'r ddau mor wahanol hefyd. Roedd Clive yn un ohonon ni, yn ein canol. Yn gyn-chwaraewr nad oedd wedi newid dim wrth droi'n hyfforddwr. Roedd hen ddigon o sŵn a siarad ganddo ond roedd yn gyfathrebwr da hefyd.

Doedd 'da fi ddim byd cas i'w ddweud am Clive bryd 'ny a does 'da fi ddim i'w ddweud yn ei erbyn e hyd heddi. Ar y llaw arall, dyn tawel a phwyllog oedd Carwyn, yn meddwl yn ddwfn am y gêm a ddim yn siarad os nad oedd rhywbeth gwerth ei ddweud 'da fe. Dyn hoffus a dymunol tu hwnt, ond byth yn un y byddwn i'n rhannu cyfrinache 'da fe yn yr un ffordd ag y byddwn i 'da'r bois rygbi eraill. Ond roedd 'da fi barch aruthrol at Carwyn.

Roedd y ddau'n debyg mewn un ffordd amlwg, serch hynny. Pan ddechreuodd Clive wrth ei waith fe ddwedodd wrthon ni'r chwaraewyr yn blwmp ac yn blaen mai fe fydde'r unig un a fydde'n cael siarad â'r wasg. Ac er mor wahanol oedd y ddau o ran personoliaethau, dyna ddwedodd Carwyn wrthon ni 'fyd. Dw i'n meddwl yn amal am hwnna pan fydda i'n gweld chwaraewyr heddi yn cael eu cyfweld ar ddiwedd gêm. Dw i ddim yn credu y bydde hynny'n cael digwydd yn nyddiau Clive a Carwyn. Anghofia i fyth un o gyfweliadau cynta Clive gyda'r wasg ar ôl iddo gael ei ddewis yn hyfforddwr. Roedd pwnc penodol dan sylw, ynglŷn â pherfformiad Cymru mewn rhyw gêm arbennig, ac fe geisiodd un boi o'r wasg brofi ei bwynt a dadlau ei achos â Clive drwy ddweud 'The experts are saying...'

Torrodd Clive ar ei draws yn syth. 'Who exactly are these experts then? Can you tell me?'

Caeodd y boi ei geg yn syth, heb gwpla ei gwestiwn hyd yn oed. Dim rhyfedd nad oedden ni'r chwaraewyr yn cael wynebu'r wasg â Clive yn gallu eu trin mor dda. Os nad oedd angen rhoi ateb siarp i'r wasg, doedd dim prinder straeon eitha lliwgar a doniol gan Clive i'w rhannu â'r gohebwyr amrywiol, ac i'w cadw'n hapus ac yn brysur am amser hir.

Bydde gan Carwyn ei ffordd ei hun o ddelio ag ochr gyhoeddus y gêm. Roedd ganddo ffordd yr un mor glefar â Clive, ond bydde'n ymateb ac yn trin y cwestiynau mor wahanol. Fydde'r gohebwyr ddim yn meddwl holi cwestiynau lletchwith i Carwyn am eu bod nhw i gyd yn gwbod na fydden nhw'n cael yr ateb ro'n nhw ishe ei gael. Atebion cynnil, byr oedd yn mynd yn syth at galon y gwir fydde gan Carwyn. Bydde ganddo fe'r gallu i feddwl yn ddyfnach na'r rhai oedd yn ei holi.

Mae'n rhaid dweud, wrth feddwl yn ôl am hyn i gyd, fod 'na ddau beth newydd yn cyd-redeg yn y datblygiadau hyn ym myd rygbi ar y pryd. Roedd y syniad o gael hyfforddwr yn gwbl wahanol, ac yn ogystal roedd y syniad o gael gohebwyr rygbi yn gofyn cwestiynau i'r hyfforddwyr hyn yn rhywbeth cwbl newydd hefyd. Dyddiau cynnar iawn oedden nhw i'r ddwy ochr ac fe gafodd Carwyn a Clive y gorau o ddau fyd wrth iddyn nhw gael blas ar gyfnod newydd i'r cyfryngau chwaraeon ac i'r byd hyfforddi, a'r ddau'n dod wyneb yn wyneb â'i gilydd.

Dw i'n meddwl yn amal, wrth ystyried dau gymeriad fel Clive a Carwyn, gymaint fydde 'da nhw i'w ddangos a'i ddysgu i'r rhai sydd yn ymwneud â'r gêm heddi. Mae 'na berygl i'r academis hyfforddi y dyddiau 'ma droi pob hyfforddwr i fod yr un peth. Does fawr ddim lle 'da nhw i fod yn wahanol. Oes syniadau newydd gan bobol sy'n hyfforddi'r gêm heddi, fel oedd bryd 'ny? Dw i ddim yn credu bod 'da nhw fawr i'w gynnig. Dim rhyfedd bod gêmau heddi wedi mynd mor *boring*. Wel, 'na'n farn i ta beth.

Roedd dyddiau cynta Carwyn gyda Llanelli yn rhai gwahanol iawn i ni fel chwaraewyr. Ro'n ni wedi dechrau dod yn gyfarwydd â chael hyfforddwr yn nyddiau Ieuan Evans, ond roedd Carwyn yn gwbl wahanol i bob hyfforddwr arall a fuodd o'i flaen e.

Fe ddysgon ni lot am rygbi pan ddaeth Carwyn. Yn wir, does dim amheuaeth iddo newid ein ffordd ni o feddwl am y gêm yn gyfan gwbl. Pan oedden ni mas yn hyfforddi ar y cae ac yn gwneud rhyw benderfyniad neu'i gilydd, bydde Carwyn yn ein stopio ar ganol y sesiwn, yn cerdded at y chwaraewyr oedd yn gwneud rhyw symudiad arbennig ac yn gofyn cwestiwn syml iawn, iawn iddyn nhw: 'Pam 'nes di hwnna?'

Mae'r cwestiwn hwnnw'n swnio mor elfennol. Ond doedd neb wedi gofyn hynny i ni o'r blaen. A'r hyn roedd e'n ei wneud wrth ofyn y fath gwestiwn oedd gofyn i ni feddwl pam. Gofyn i ni holi'n hunain ynglŷn â'r hyn roedden ni wedi bod yn ei wneud yn gwbl ddigwestiwn ers blynyddoedd, heb ystyried oedd ffordd arall, well o wneud yr un peth. Ar y cae chware wedi hynny, roedd effaith y cwestiwn syml hwnnw yn dod i'r amlwg mewn sawl ffordd. Enghraifft dda o hyn oedd ei fod e'n casáu'r duedd o gicio'r bêl ymhell i hanner y gwrthwynebwyr. Yn hytrach, roedd yn well 'da fe i ni gicio'r bêl yn fyr dros ben llinell amddiffynnol y tîm arall fel bod eu cefnwr nhw'n gorfod dod mla'n i nôl y bêl a'r chwaraewyr eraill yn gorfod troi ar eu sodlau i fynd yn ôl at y bêl. Doedd e ddim yn gweld diben cicio'r bêl ymhell i'w hanner nhw lle bydde'r cefnwr yn ei dal ac yn ei chicio 'nôl. Roedd e'n mynd off ei ben pan fydde hynny'n digwydd: 'Er mwyn y tad, chi'n chware mor galed i ennill y bêl ac wedyn chi'n cicio'r blydi peth bant!' Ro'n ni'n clywed y geiriau 'na'n amal ganddo fe.

Am ei fod yn darlithio yn y Drindod pan oedd e 'da Llanelli, doedd e ddim yn anarferol i'w weld e'n dod i'r ymarfer damed bach yn hwyr a dim amser gyda fe i newid. Fan'na bydde fe wedyn ar yr ystlys yn ei siwt, coler a thei ond ei drowsus wedi'u hwpo mewn i'w sanau ac esgidiau rygbi am ei draed – heb anghofio am y ffag Senior Service yn ei geg, wrth gwrs.

Newidiodd y sesiynau hyfforddi yn llwyr. Roedd e'n cynllunio pethe mla'n llaw yn fanwl iawn ac yn gwbod beth oedd e ishe gwneud ym mhob sesiwn. Dechreuodd yr hyn oedd yn cael eu galw yn 'clinics'. Pwrpas y 'clinics' hyn fydde canolbwyntio'n fwy penodol ar grwpiau unigol o chwaraewyr. Bydde fe'n trefnu cael yr haneri neu'r olwyr i gyd gyda'i gilydd ar eu pen eu hunain er mwyn trin a thrafod tactegau a manylion a fydde'n fwy arbenigol ar eu cyfer nhw.

Roedd e hefyd yn gallu adnabod cryfderau pobol eraill gan eu defnyddio i gyfrannu at y sesiynau hyfforddi. Bydde fe'n gallu sicrhau bod pobol fel Norman Gale a Tom Hudson yn dod i'n hyfforddi gan eu bod yn deall mwy am ddulliau chware'r blaenwyr a shwd i gynyddu ffitrwydd nag yr oedd Carwyn ei hunan falle. Doedd e'n sicr ddim yn un a fydde'n rheoli popeth yn haearnaidd ei hunan a gwrthod gadael i bobol eraill roi help llaw iddo. Rhan o'i ffordd o feddwl oedd gwbod shwd oedd cael pobol i chware eu gorau a shwd oedd defnyddio rhai heblaw fe'i hunan i wneud yn siŵr eu bod yn cyrraedd y nod hwnnw.

Yn ystod dyddiau Carwyn y gweles i ffilmiau o gêmau am y tro cynta, a hynny fel rhan o hyfforddiant y tîm. Bydden ni'n edrych ar dimau eraill yn chware ac yna bydde Carwyn yn stopio'r ffilm o bryd i'w gilydd er mwyn dangos rhyw agwedd benodol o'r chware i ni. Yr hyn a fydde'n wir yn y sesiynau ffilm yna, fel ym mhob agwedd o'i hyfforddi, oedd bod Carwyn yn canolbwyntio ar yr hyn roedd e'n ystyried yn wendidau'r chwaraewyr y bydden ni'n eu gwrthwynebu. 'Mae eu cryfderau'n amlwg,' bydde fe'n dweud, 'ond gadwch i ni nodi lle ma nhw'n wan a gweithio ar y mannau hynny.'

Dysgodd e i ni i gyd shwd oedd defnyddio cae rygbi cyfan, nid dim ond rhan ohono fe. Roedd yn credu'n gryf y dylen ni ddefnyddio hyd a lled llawn pob cae yr o'n ni'n chware arno fe. Pan o'n ni'n chware bant o gartre, y peth cynta bydde fe'n wneud wedi cyrraedd yno oedd mynd am dro mas ar y cae i weld beth oedd ei hyd a'i led. Wedyn fe fydde fe'n defnyddio'r wybodaeth 'na pan fydde fe'n siarad â ni yn y stafell newid cyn y gêm. 'Cofiwch ddefnyddio'r lle i gyd sydd ar gael, defnyddiwch bob modfedd,' oedd ei neges gyson, cyn ychwanegu pwysigrwydd gadael i'r bêl wneud y gwaith caled wrth chware gêm lydan.

Yn 1969 roedd cicio'r bêl yn syth mas dros yr ystlys ac i mewn i *touch* o ble bynnag ar y cae yn dal i fod yn rhan o reolau'r gêm. Mae 'na un enghraifft enwog iawn o shwd gafodd y rheol 'ma ei defnyddio hyd yr eitha mewn un gêm ryngwladol, ac mae'n dod â ni reit 'nôl at Clive Rowlands.

Yn ystod gêm Cymru yn erbyn yr Alban yn 1963, a'r cae'n fwdlyd ddychrynllyd, penderfynodd Clive gicio'r bêl dros yr ystlys gymaint o weithie ag y galle fe er mwyn i Gymru gadw'r fantais oedd 'da nhw, sef chwe phwynt. Canlyniad hynny oedd bod 111 o linellau yn y gêm honno a doedd y maswr, Dai Watkins, ddim ond wedi cyffwrdd â'r bêl bum gwaith, medden nhw. Dw i mor falch nad o'n i'n chware'r diwrnod 'na – mae meddwl am neidio mewn cymaint â hynny o linellau yn dorcalonnus. Ond Cymru enillodd o 6 i 0 yn y diwedd mewn gêm ddiflas yn y mwd. Er hynny, newidiodd y rheol ddim tan 1970. Wedi hynny, dim ond o'r tu mewn i'r llinell 25 llath, neu'r 22 metr heddi, roedd hawl i gicio'n syth dros yr ystlys.

Adeg fel 'na oedd hi mewn gwirionedd, gyda lot o reolau'n newid yn y gêm. Dw i ddim yn gwbod yn iawn ai oherwydd gêmau fel un Cymru yn erbyn yr Alban yn '63 y newidiwyd rhai rheolau ynglŷn â'r llinellau ar ddiwedd y chwedegau a dechrau'r saithdegau. Mae'n siŵr taw e. Rhoddwyd cynnig ar un newid cwbl wallgo yn fy marn i, yr hyn a gâi ei alw ar y pryd yn *double-banking*. Hynny yw, bod 'na ddwy linell gan bob tîm bob tro. Meddyliwch am y peth, pedair llinell o flaenwyr pan fydde'r bêl yn cael ei thaflu i mewn. Diolch byth mai dim ond am un tymor y parodd y fath syniad hurt!

Ychydig yn hwyrach, ar ddiwedd tymor 1972/73, cyflwynwyd rheol newydd oedd yn gwneud llawer mwy o synnwyr, sef cadw pellter penodol rhwng pob blaenwr yn y llinell. Cyn hynny, os sylwch chi ar y lluniau o'r cyfnod, doedd dim rheol ynglŷn â lle'r oedden ni'n cael sefyll, na faint yn union o bellter oedd i fod rhwng pob blaenwr. Anghofia i fyth Scott Quinnell yn gweld llun o'i dad, Derek, mewn llinell yn ystod gêm ar ddechrau'r saithdegau, ac yn gofyn iddo, 'How the hell did you have any room to jump?'

Doedd neb yn cael codi chwaraewr arall o gwbl; roedd gofyn i ni'r blaenwyr neidio ar ein stêm ein hunain, heb help gan neb. Doedd dim hawl gan y llumanwyr wneud unrhyw beth i dynnu sylw'r dyfarnwr at rywbeth fydde'n digwydd ar y cae chware chwaith, felly roedd y dyfarnwr yn gyfan gwbl ar ei ben ei hun yng nghanol gêm. Diolch byth bod mwy o gyfle heddi i lumanwyr allu tynnu sylw'r dyfarnwr at yr hyn sy'n digwydd y tu cefn iddo mewn gêm.

Canlyniad amlwg i'r ffaith bod y dyfarnwr ar ei ben ei hun y dyddiau hynny oedd bod modd gwneud llawer mwy o ddrygioni ar y cae. Pan fydde'r dyfarnwr yn symud gyda'r chware, bydde fe'n amal yn gadael tomen o chwaraewyr y tu ôl iddo fe. O ganlyniad, bydde lot mwy o glatsho oddi ar y bêl nag sydd heddi. Hefyd, bryd hynny, pan oedd tîm yn dechrau gêm neu'n ailddechrau'r chware, doedd dim i stopio chwaraewyr y tîm arall rhag rhedeg at y gwrthwynebwyr wrth iddyn nhw neidio yn yr awyr er mwyn dal y bêl a'u llorio fel sach o dato. Fe dorres i sawl asen yn ystod fy ngyrfa ar y cae rygbi yn y modd 'na. Dyw'r traed chwaith ddim yn mynd mewn yn y sgarmesi fel ro'n nhw, â chyrff yn cael eu rycio'n ddidrugaredd drwy gydol y gêm. Does dim rycio fel 'na yn digwydd nawr. Hefyd, doedd dim o'r fath beth yn bod â chosb am dacl oedd yn rhy uchel. Doedd dim cardiau melyn, wrth gwrs, felly roedd lot mwy o chware brwnt yn bosib ar y cae rygbi.

Felly, pan mae pobol yn herio fi heddi ac yn tynnu coes trwy ddweud na fyddwn i'n para mewn gêm y dyddiau 'ma, mae'r ateb gen i'n syml iawn. Mae'r gêm heddi yn lanach nag y mae hi wedi bod erioed. Gyda'r pŵer newydd sydd gan y llumanwyr, neu'r dyfarnwyr cynorthwyol fel maen nhw'n cael eu galw heddi, yn ogystal â'r newidiadau yn y rheolau a'r ffaith hefyd bod camerâu teledu yn edrych ar bob ongl a phob agwedd o'r chware, mae'r gêm lot, lot glanach ac yn llai peryglus nag y mae wedi bod erioed. Falle fod yr *hits* yn fwy caled, ond mae'r gêm yn llawer llai peryglus heddi. Dw i'n falch iawn bod y chwaraewyr yn cael gwisgo mwy o ddillad i'w diogelu rhag anafiadau ac yn enwedig bod plant bach rhyw naw i ddeg oed nawr yn cael gwisgo *padding* o dan eu crysau. Mae hwnna'n beth da ac yn rhywbeth i'w groesawu. Pan fydda i'n mynd i weld plant ysgol yn chware ac yn gweld beth sydd 'da nhw dan eu crysau, mae'n gwneud i fi wenu wrth feddwl am y dyfarnwr yn Seland Newydd yn dweud wrtho i am dynnu'r sbwnj ro'n i wedi'i roi ar fy ysgwydd bant

– a'r geiriau 'You're either fit or you're not!' yn atsain yn y cof!

Ar ddechrau'r saithdegau dyma Carwyn yn cyflwyno rhywbeth newydd arall i ni. Daeth at y garfan un noson ymarfer a gofyn oedd unrhyw un ohonon ni wedi ystyried gwisgo *gumshields* erioed. Edrychodd pawb yn hurt ar ei gilydd. Dim ond bocswyr fydde'n gwisgo *gumshields*. Pam bydde ishe i ni wisgo rhai? Ro'n i wedi mynd ar ddwy daith gyda'r Llewod cyn hynny heb wisgo *gumshield* o gwbl. Ond fe ddaethon nhw i'r clwb, ac wrth gwrs, o fewn dim o beth roedd pawb yn meddwl shwd ar y ddaear wnaethon ni lwyddo chware hebddyn nhw cyn hynny.

Ie wir, cyfnod o newidiadau mawr oedd y dyddiau hynny, pan oedd y gêm yn dechrau camu i mewn i gyfnod newydd, llawer iawn mwy modern. A Carwyn, wrth gwrs, yn rhan ganolog o'r newidiadau hyn. Wedi iddo fe gyrraedd Llanelli, fydde pethe byth yr un fath yn y clwb. Roedd hwnna'n amlwg i bawb. Ond fydde dim un ohonon ni oedd ar y Strade ar y pryd wedi gallu dychmygu bod lot mwy 'da ni fel clwb i edrych mla'n ato, a hynny ar lwyfan rygbi'r byd hyd yn oed.

8

Y Crysau Duon a Norah Isaac

YN 1970 DAETH cyfle, am y tro cynta, i fi chware cyfres gyfan dros Gymru yng nghystadleuaeth y Pum Gwlad, a hynny rhyw bedair blynedd ers i fi gael fy nghap cynta. Er i fi chware tair gêm ym mhencampwriaeth 1968, do'n i ddim wedi chware yn y pedair yn llawn. Y flwyddyn ganlynol, 1969, wedi anaf arall, dim ond un gêm 'nes i chware, sef yr un yn erbyn Lloegr, pan enillon ni'n hawdd. Teimlad digon braf, felly, oedd cael chware yn y pedair gêm yn 1970, yn enwedig gan i ni ennill tair ohonyn nhw a cholli i Iwerddon yn unig, gan rannu'r Bencampwriaeth â Ffrainc. Sdim amheuaeth mai'r gêm yn erbyn Lloegr oedd yr un i'w chofio'r flwyddyn honno, fel sawl blwyddyn arall, ond hynny am wahanol resymau y tro 'ma.

Roedd y gêm yn Twickenham yn rhan bwysig o hanes rygbi yng Nghymru a bydde hi'n llenwi pennod gyfan mewn llyfr yn hawdd. Cafodd y dyfarnwr, Robert Calmet o Ffrainc, ei anafu ac fe ddaeth y Sais Johnny Johnson mla'n yn ei le erbyn yr ail hanner. Wedi hynny, cafodd Gareth Edwards ei anafu a bant â fe o'r cae hefyd, gan roi cyfle i Ray Chico Hopkins chware fel mewnwr dros Gymru. Cafodd Chico gêm dda. Fe greodd gais i JPR cyn sgorio cais ei hunan a fydde'n sicrhau buddugoliaeth i Gymru, a hynny wedi i ni fod ar ei hôl hi drwy'r gêm gyfan bron. Dyna'r tro cynta i eilydd sgorio cais mewn gêm ryngwladol a hynny mewn gêm lle'r oedd eilydd o ddyfarnwr yn rheoli'r gêm. Dyna hefyd yr unig dro yn ei yrfa i Gareth Edwards fethu gorffen gêm ryngwladol.

Ym mis Ionawr 1970 roedd tîm rygbi De Affrica yn ymweld â Chymru fel rhan o'u taith ryngwladol yn 1969/70 ac felly trefnwyd gêm ar y Strade. Roedden nhw'n ymweld ar gyfnod o newidiadau mawr ym myd rygbi, ac yn Llanelli roedd y ffaith bod Carwyn bellach wrth y llyw yn creu cyffro arbennig. Er dweud hynny, dim ond dechrau newid roedd pethe ar y Strade, ac i ni fel carfan, o ran paratoadau, doedd y gêm yn erbyn De Affrica ddim yn wahanol i unrhyw gêm arall. Yn sicr, doedd y paratoadau ar gyfer y gêm hon ddim byd tebyg i shwd gwnaethon ni baratoi ar gyfer gêm fawr 1972. Yn ogystal, doedd y dre a'r ardal ddim wedi cyffroi cymaint o'i gymharu â'r cynnwrf yn 1972.

Paratôdd Carwyn ni'n drwyadl ar gyfer y gêm wrth gwrs, fel y bydde pawb yn disgwyl. Ond doedd e ddim yn ishte yn ei le arferol pan oedd y ddau dîm ar y cae. Roedd gan Carwyn ddaliadau cryf iawn yn erbyn yr apartheid yn Ne Affrica ac roedd yn barod i ddangos ei wrthwynebiad ym mhob ffordd bosib. Felly, pan gyhoeddodd y clwb y bydden ni'n chware bois De Affrica, cytunodd Carwyn i'n paratoi ar gyfer y gêm ond gwrthododd ishte wrth ymyl y cae yn ystod y gêm. Mas â'r bois i'r cae felly ac fe adawodd Carwyn yr arena gyhoeddus a diflannu i fod ar ei ben ei hunan. Yn ôl y sôn, aeth i ishte o dan y stand a gwrando ar y gêm ar y radio. Beth bynnag wnaeth e, ble bynnag aeth e, fe wnaeth safiad personol ac roedd y byd rygbi'n gwbod hynny.

Pan fydde chwaraewr yn cael ei ddewis i chware dros Gymru, fydde dim hawl 'da fe chware i'w glwb o fewn pum diwrnod i'r gêm ryngwladol. Roedd gêm Llanelli yn erbyn De Affrica ar y dydd Mawrth a finne wedi cael fy newis i chware i Gymru yn erbyn y Springboks ar y dydd Sadwrn, ac oherwydd hynny methes i chware yn y gêm, a Phil Bennett am yr un rheswm. Felly, yn y stand y gwyliodd Phil a fi'r gêm. Roedd Llanelli bron iawn â'u curo nhw – o un pwynt yn unig yr enillodd y Boks. Methodd Llanelli drosiad tua diwedd y gêm, a phe bydde'r gic honno wedi llwyddo, Llanelli fydde wedi bod yn fuddugol. Roedd e'n drosiad i un o'r ceisiau gorau welodd y Strade erioed, wedi i Alan Richards dirio'r bêl ar ôl symudiad gwych gan bron bob un o'r tîm, symudiad digon tebyg i gais enwog y Barbariaid yn erbyn Seland Newydd rhyw ddwy flynedd a hanner yn ddiweddarach. Roedd yn arwydd cynnar o'r math o rygbi y bydde Carwyn am i ni ei ddatblygu.

Ychydig ar ôl hynny, cyhoeddwyd mai Carwyn James fydde hyfforddwr taith y Llewod i Seland Newydd y flwyddyn ganlynol. Cafodd ei apwyntio i fod yn hyfforddwr i'r Llewod ac ynte heb fod yn rhan o dîm rheoli Cymru hyd yn oed cyn hynny. Bydden ni'n chware gêmau yn erbyn nifer o dimau gwahanol yn Lloegr, wrth gwrs – yr Harlequins, Cymry Llundain, Saracens, Wasps, Northampton, Moseley, Bryste ac ati. O ganlyniad, bydde trefnwyr y gêm yn Lloegr wedi cael cyfle i weld shwd roedd Carwyn yn hyfforddi a'r math o rygbi roedd e am ei ddatblygu. Serch hynny, doedd e ddim wedi cael cyfle i ddangos ei allu ar y llwyfan ryngwladol cyn mynd â chwaraewyr gorau Prydain i wlad y Cwmwl Hir Gwyn.

Ond cyn i ni fynd mas 'na, roedd Pencampwriaeth Pum Gwlad arall i'w chware, wrth gwrs, a buodd honno'n gystadleuaeth arbennig iawn i ni'r Cymry. Dyna'r ail dymor yn olynol i fi chware ym mhob un o gêmau Pencampwriaeth y Pum Gwlad, ac roedd hi'n flwyddyn lwyddiannus iawn i ni'r Cymry. Fe enillon ni'r Gamp Lawn, a hynny am y tro cynta ers 1952. Roedd y garfan yn sicr yn dechrau dangos ei chryfder a'r math o chware fydde'n nodweddu'r blynyddoedd oedd i ddod.

Mae un o gêmau rhyngwladol y tymor hwnnw wedi aros yng nghof cefnogwyr rygbi Cymru a'r Alban. Roedd ein gêm ni lan yng Nghaeredin yn tynnu at y diwedd a'r Alban ar y blaen o 18 i 14. Fe sgoriodd Chris Rea gais hwyr i'r Alban i'w rhoi nhw ar y blaen, ond fe fethodd Peter Brown drosi'r cais hwnnw. Ymhen ychydig, roedd llinell i ni ar ochr chwith y cae, ddim ymhell o'u llinell nhw. Llwyddes i ennill y meddiant a tharo'r bêl 'nôl i Gareth Edwards. Pasiodd e mas i Barry John, hwnnw'n pasio i John Dawes ac wedyn daeth JPR i mewn i'r llinell i dderbyn y bêl cyn pasio at Gerald Davies.

Defnyddiodd e'i gyflymdra i fynd heibio amddiffyn yr Alban a sgorio yng nghornel bella'r cae. Ro'n ni'n dal un pwynt ar ei hôl hi felly, ond roedd trosiad i ddod. John Taylor, y blaenasgellwr, gamodd i'w gymryd. Roedd e wedi sgorio cais hyfryd reit ar ddechrau'r gêm a nawr roedd ganddo gyfle â'i droed i ennill y gêm i ni. Diolch byth, roedd y gic yr ochr iawn i foi troed chwith fel John, ac er ei fod mas ar yr ystlys, fe hwyliodd y bêl drwy'r pyst gan sicrhau buddugoliaeth i Gymru. Gêm sbesial iawn oedd honna: digon o gyffro, digon o densiwn ac, yn bwysicach byth, enillon ni yn y diwedd.

Erbyn i ni adael Prydain er mwyn teithio i Seland Newydd yn haf 1971, roedd lot fawr o'r seddi ar yr awyren yn cael eu llenwi gan chwaraewyr o Gymru. Dim syndod falle, o ystyried y llwyddiant gawson ni'r tymor hwnnw. Ond wrth gwrs, roedd ambell un yn barod i achwyn bod gormod o Gymry ar y daith honno, yn ddigon tebyg i'r cwynion mae rhai wedi'u gwneud am daith y Llewod yn 2013.

Ar ben hyn oll, wrth gwrs, Carwyn oedd yr hyfforddwr ac roedd yn gyfarwydd iawn â phob un o'r bois a fuodd yng ngharfan Cymru. Doedd ffordd Carwyn o weithio ddim tamed gwahanol mas yn Seland Newydd a fynte gyda charfan o chwaraewyr o bedair gwlad y Deyrnas Unedig. Fel yna'n gwmws y bydde fe'n ein trin ni ar y Strade. Bydde fe'n trafod pob chwaraewr yn unigol wedi iddo fe benderfynu shwd berson oedd e. Anogaeth oedd ishe ar ambell un, ond cic lan 'i din oedd ishe ar un arall. Roedd Carwyn yn gwbod yn gywir shwd oedd trin pawb.

Sawl gwaith mas ar y daith, pan fydden ni ar y bws i fynd o le i le, bydde fe'n mynd i ishte wrth ochr rhyw chwaraewr neu'i gilydd er mwyn cael sgwrs fach 'da fe. Ac yn amal, pwrpas y sgyrsiau hynny oedd awgrymu na ddyle'r chwaraewr dan sylw ymarfer y diwrnod hwnnw. Roedd wedi gweld bod ambell chwaraewr falle damed bach yn *stale*, fel bydde fe'n dweud, a bydde gorffwys yn gwneud mwy o les iddo nag ymarfer y diwrnod hwnnw.

Fel y bydde fe'n gwneud yn Llanelli, roedd e hefyd yn dod draw at chwaraewyr unigol, yn amal aton ni'r Cymry Cymraeg, er mwyn cael sgwrs fach ddigon hamddenol gyda'r nos. Dw i'n cofio un achlysur tebyg pan ddaeth e ata i am sgwrs, a sôn am y ffordd roedd e'n meddwl am bethe.

'Ti'n gweld,' medde fe, 'gall unrhyw un roi sosban ddŵr ar y tân a'i berwi'n sych. Ond y gamp yw rhoi'r sosban ar y tân a'i chadw i ffrwtian cyn hired ag sy'n bosib gan wbod pryd mae dod â hi 'nôl i'r berw unwaith 'to. Sdim diben cael chwaraewyr sydd 120 y cant yn ffit yn gorfforol ond eu meddyliau wedi blino.'

Ac wrth gwrs, roedd e'n berffaith gywir. Ei gamp oedd gwbod pa chwaraewyr oedd bron â berwi'n sych a rhoi gwbod iddyn nhw cyn bod hynny'n digwydd.

Doedd byd rygbi Seland Newydd ddim cweit yn gwbod beth i'w wneud o'r dyn 'ma oedd yn ein hyfforddi ni. Doedd ganddyn nhw ddim llawer o syniad pwy oedd e yn y lle cynta. Roedd Carwyn wedi ennyn eu chwilfrydedd yn sicr. Bydde llwyth o fois y wasg yn dod i'n sesiynau hyfforddi. Ambell waith, er mwyn eu drysu ymhellach, bydde Carwyn yn cerdded mas i'r cae ymarfer ag offer criced ganddo ar ein cyfer ni i gyd. Dyna lle bydden ni wedyn, carfan rygbi'r Llewod, yn chware gêm o griced, a gwŷr y wasg yn Seland Newydd wedi'u drysu'n llwyr.

Dro arall, bydden ni'n cael gêm o bêl-droed yn y sesiwn hyfforddi. Roedd Carwyn yn gwbod yn iawn beth oedd e'n ei wneud, wrth gwrs – cadw'r gwrthwynebwyr ar flaenau eu traed, gan greu dryswch ac ansicrwydd. Bryd arall, ond yn anamal, bydde fe'n gorffen sesiwn ymarfer go iawn ac yn dweud wrthon ni am fynd bant i gael gêm o golff. Bydde hyn i gyd, wrth gwrs, yn ogystal â chware gêmau yn erbyn timau Seland Newydd, yn ein tynnu ni fel carfan o chwaraewyr yn agosach at ein gilydd.

Roedd hyn yn arbennig o wir amdanon ni'r Cymry yn y garfan, ac yn fwy gwir fyth am y Cymry Cymraeg. Yn amal iawn, pan fydde amser sbâr gyda ni, bydde Carwyn yn galw grŵp ohonon ni'r Cymry at ein gilydd am sgwrs. Pan fydde hynny'n digwydd gyda'r nos, bydde poteled o win yn dod mas hefyd. Roedd yn arbennig o hoff o gael sgyrsiau yn y Gymraeg gyda Barry, Gerald, Gareth, Geoff Evans, Derek Quinnell a finne, a hynny'n amal yn arwain at yr hen Willie John McBride yn ein poeni'n ddienaid am ein bod yn siarad iaith doedd neb arall yn ei deall. Tynnu coes oedd y cyfan, wrth gwrs. Fel Gwyddel, roedd e'n deall yn iawn beth oedd sefyllfa ieithoedd lleiafrifol fel y Gymraeg.

Doedd Carwyn byth yn cwato'i wleidyddiaeth. Daeth hynny'n amlwg yng ngêm Llanelli yn erbyn

De Affrica ac yn ei gyfweliad ar gyfer cael ei apwyntio'n hyfforddwr y Llewod. Dangosodd yn ddigon clir ei fod yn genedlaetholwr, ac roedd e wedi sefyll dros Blaid Cymru yn sedd Llanelli yn Etholiad Cyffredinol 1970. Awgrymodd wrtha i bod ei onestrwydd wrth ddweud yn glir am ei ddaliade wedi peryglu ei obeithion o gael ei ddewis i fod yn hyfforddwr. Ond Carwyn gafodd ei ddewis, a phan ymgasglon ni yn Eastbourne cyn gadael am Seland Newydd, rhannodd ei wleidyddiaeth yn onest â'r garfan gyfan unwaith eto. Doedd e'n amlwg ddim yn becso cymaint â 'ny am ddweud gormod yn ei gyfweliad.

Un gêm sy'n aros yn y cof o'r daith honno, heblaw am y gêmau prawf wrth gwrs, yw honno cyn y gêm brawf gynta, yn erbyn Canterbury. 'Na beth oedd gêm fochedd, heb os, y gêm waetha i fi chware ynddi erioed. Roedd Carwyn yn amlwg yn disgwyl gêm galed. Yn y stafell newid cyn y gêm, fe dynnodd e Barry John i'r naill ochr a dweud wrtho nad oedd e'n mynd i chware yn y gêm wedi'r cwbl. Roedd yn ofni y bydde Barry yn darged i flaenwyr Canterbury, a fydde'n fodlon gwneud unrhyw beth gallen nhw i sicrhau na fydde fe'n chware yn y gêm brawf. Felly, tynnodd Carwyn e mas o'r tîm. Collon ni dri chwaraewr yn y gêm 'na, McLoughlin, Carmichael a Hipwell, oherwydd anafiadau'n dilyn chware digon amheus. Ro'n nhw'n golled aruthrol i'r tîm, yn enwedig o gofio ein bod wedi colli dau brop fydde siŵr o fod wedi chware yn y profion. Ond diolch i weledigaeth Carwyn, doedd Barry John ddim yn un o'r rhai fethodd â dal ati i chware oherwydd anaf yn sgil triniaeth orfrwdfrydig blaenwyr Canterbury. A diolch byth bod *gumshield* 'da fi! Ond ildion ni ddim i holl fygythiade'r tîm hwnnw er i ni golli tri chwaraewr, ac fe enillon ni'r frwydr o 14 i 3.

Doedd dim o'r fath beth â dyfarnwyr annibynnol bryd 'ny chwaith. Rhywun o'r wlad lle'r oedden ni'n chware oedd y dyfarnwr bob tro, yr *homers* fel bydden ni'n eu galw nhw. Mae'n siŵr bod hynny'n gŵyn i bob tîm oedd yn teithio, achos *homers* fydde Seland Newydd yn eu cael pan fydden nhw'n dod draw aton ni i chware hefyd. Ond mae'r drefn nawr o gael dyfarnwyr annibynnol lot yn well.

Seren amlwg y daith i Seland Newydd, wrth gwrs, oedd Barry John. Dyna pryd y cafodd ei alw'n Frenin, oherwydd ei allu i reoli'r chware gyda'i redeg disglair a'i gicio hyfryd. Doedd e ddim yn gyd-ddigwyddiad bod Carwyn a fe'n gymaint o bartners. Roedd Carwyn yn ei ddeall e'n iawn. Yn y stafell newid, cyn y gêmau prawf hyd yn oed, bydde John Dawes, y capten, neu Carwyn neu weithie'r ddau ohonyn nhw'n trafod symudiadau amrywiol. O ran y cefnwyr, falle mai rhyw dri symudiad fydde wedi'u paratoi a John Dawes fydde'n eu hesbonio. Bydde Carwyn wedyn yn atgyfnerthu'r hyn oedd wedi cael ei ddweud yn barod ac yn gwneud yn siŵr ein bod yn deall yn iawn. Bydde Barry yn agor ei geg wedyn ac yn dweud:

'Yes, OK, I understand these moves. And you can call whatever move you want. But if you call a certain move and I can see a gap somewhere, I'm bloody going for it!'

A dyna lle bydde Carwyn wedyn, yn gwenu'n dawel ac yn taflu winc ata i, neu at un neu ddau o'r lleill, cystal â dweud 'Dw i'n deall yn iawn beth ma fe'n dweud a dw i ddim yn mynd i'w stopo fe.' Roedd angen hyfforddwr fel Carwyn i ddeall meddwl chwaraewr fel Barry. Dod â'r creadigrwydd naturiol mas o'r unigolyn ddyle hyfforddwr da ei wneud, dim gofyn iddo chware'n slafaidd i system alle ddifetha chware unigolyn.

Oddi ar y cae, roedd Carwyn hefyd yn gwbod shwd oedd ein trin. Roedd yn ddigon bodlon i'r bois gael rhyw beint neu ddau, ond bydde'n pwysleisio o hyd y dylen nhw fod yn gall ac yn ddoeth wrth fwynhau eu cwrw. Os oedd ambell un yn mynd dros ben llestri, bydde Carwyn yn sylwi ond yn mynd i'w wely heb ddweud gair, dim ond rhoi'r wên a'r winc arferol i ambell un mwy cymedrol. Bore wedyn, yn y sesiwn ymarfer, bydde pethe'n dod i ben yn naturiol a phawb yn mynd 'nôl am y stafelloedd newid. Ond bydde Carwyn yn galw rhyw ddau neu dri roedd e wedi'u gweld yn mynd damed bach yn wyllt y noson cynt ato ac yn mynnu cynnal rhyw 10 i 15 munud o hyfforddi pellach yn arbennig ar eu cyfer nhw. Fydde'r bois 'na ddim yn croesi Carwyn wedi 'ny, a hynny mas o barch, nid bod arnyn nhw ei ofon e.

Fel capelwr mawr, roedd Carwyn yn parchu dymuniad rhai chwaraewyr i fynd i oedfa os oedden nhw ishe. Bydde fe'n mynd i gapel cyfagos i addoli bob tro bydde 'da fe gyfle. Doedd dim lot ohonon ni'n manteisio ar hynny, ond roedd Sean Lynch, y Gwyddel, yn Babydd selog ac yn mynd i'r offeren ar fore Sul ac ar bob cyfle posib. Pa bynnag amser bydde fe'n mynd i'r gwely ar ôl nos Sadwrn weddol drom, bydde fe yn yr Eglwys Babyddol am wyth y bore wedyn. 'Nôl â fe i'r gwesty ar ôl y gwasanaeth a dod aton ni â gwên fawr ddireidus ar ei wyneb:

'I've wiped the slate clean, boys! I can start all over again!'

Os oedden ni'n digwydd bod ar y bws ar ddydd Sul, bydde Carwyn yn codi ar ei draed ac yn gofyn yn ddigon direidus:

'Anyone been to church today then, boys?'

Roedd e'n gwbod yn iawn mai dim ond Sean fydde wedi bod, ond bydde Sean yn codi ar ei draed, yn wên o glust i glust, a llond bws o chwaraewyr yn tynnu ei goes yn ddidrugaredd. Bydde Sean yn cael pwle gwael o hiraeth am ei gartre ac roedd y tynnu coes 'ma yn un ffordd y bydde Carwyn yn ei defnyddio i'w gael i deimlo fel un ohonon ni. Dyna enghraifft arall o Carwyn yn deall ei chwaraewyr.

Bob nos, pan oedd cinio i ni'r garfan, bydde Carwyn yn gwahodd dau chwaraewr ar y tro i ishte ar y ford gyda fe a Doug Smith, rheolwr y daith. Roedd Doug i'r gwrthwyneb i Carwyn, yn ddyn digon byrbwyll a fydde'n colli arni'n weddol amal. Pan fydde Carwyn yn gweld hyn, bydde'n troi'n amal ata i ac yn dweud 'Edrycha ar y dyn dwl 'na.'

Y drefn wrth y ford ginio oedd y bydde fe a Doug yn dewis gwin am yn ail noson. Roedd Carwyn yn hoff o'i win ac yn deall ei winoedd hefyd. Bydde Doug yn meddwl ei fod ynte'n deall beth oedd beth yn yr un modd. Ond doedd Carwyn ddim yn cytuno:

'So hwn yn deall dim am win. Mae'n meddwl bod e ond does dim syniad 'da fe!'

Dyna fydde'r gri gyson o enau Carwyn. Dw i'n cofio noson pan o'n i wrth ford y rheolwyr yn cael cinio, a Doug oedd wedi dewis y gwin. Cymerodd Carwyn un llond ceg a throi ata i a dweud:

'O diar, blydi Tovali 'to.'

Pop oedd yn cael ei wneud gan gwmni yn nhre Caerfyrddin oedd Tovali!

Un peth arall sy'n aros yn glir yn y cof yw stori am Carwyn a'r enwog Norah Isaac o Goleg y Drindod, Caerfyrddin, lle'r oedd Carwyn yn darlithio ar y pryd. Roedd hi'n adnabyddus am fod yn ddylanwadol ym myd cyhoeddus Cymru ac yn fenyw hoffus, er nad oedd hi'n un y bydde pobol yn fodlon ei chroesi'n rhwydd. Medde Carwyn un dydd mas yn Seland Newydd:

'Fi newydd fod mas i nôl anrheg i Norah. Rhywbeth bach yw e a dyw e ddim wedi costi lot ond bydd e'n werth y byd. Ti'n gweld, os bydda i'n neis wrth Norah ac yn ei chadw'n hapus, galla i wneud beth fynna i yn y coleg wedyn.'

Fel mae'n digwydd, roedd Norah yn byw ar bwys fy mrawd yng Nghaerfyrddin. Un diwrnod, wedi i ni gyd ddod 'nôl gartre, fe alwodd fi draw at ei thŷ:

'Mae'r dyn 'na, Carwyn, wel, weles i neb yn debyg iddo fe. 'Na'r unig ddyn yn 'y mywyd i sy'n gallu gwneud beth fynno fe â fi!'

Norah oedd yn gyfrifol am staff yr Adran Gymraeg yn y Drindod a bydde angen amser bant o'r gwaith ar Carwyn yn amal, wrth gwrs. Felly, roedd e wedi deall shwd oedd mynd ati i drefnu hynny. Ble bynnag bydde fe'n mynd, bydde'n rhaid cael anrheg i Norah.

Ma ishe sôn am ein capten ar y daith honno hefyd, y canolwr John Dawes. Heb os, fe yw un o'r capteiniaid gorau i fi chware gyda fe erioed. Doedd e ddim yn chwaraewr disglair iawn, ddim yn seren fel rhai o enwau mawr y saithdegau, ond roedd e wastad yn gyson yn ei chware, byth yn gwneud pethe twp ar y cae, ac roedd ei gyd-chwaraewyr yn gallu dibynnu arno. Fel capten, roedd yn rhagori. Bydde ei ffordd o feddwl am dactege'r gêm yn ddigon tebyg i Barry John ac i Carwyn.

Mas yn Seland Newydd, gêm y blaenwyr fydde hi'n fwy na dim. Neges Carwyn i ni oedd:

'Boys, if we can get 45 per cent of the ball, we can beat them.'

A phan fydden ni'r blaenwyr yn ennill y meddiant, doedd dim prinder talent ymhlith y cefnwyr i wneud defnydd da o'r bêl.

I fynd 'nôl at bwynt Carwyn ynglŷn â chware ar wendidau'r gwrthwynebwyr, roedd wedi penderfynu bod gwendid yn chware cefnwr Seland Newydd, Fergie McCormick. Cafodd Barry, Gareth a JPR orchymyn i gicio ato fe gymaint â phosib. Cafodd e amser uffernol. Naeth Barry, yn enwedig, ffŵl ohono fe.

Roedd Carwyn yn ymwybodol o'n gwendidau ni hefyd, wrth gwrs, ei chwaraewyr ei hunan, ac fe gynhaliodd sawl sesiwn i gryfhau agweddau penodol o'n chware ni. Pan oedd rhywun yn giciwr troed dde naturiol, bydde fe'n cynnal sesiwn yn gofyn iddo gicio â'r droed chwith yn unig. Neu os oedd pas rhywun i'r dde yn well na'r bas i'r chwith, bydde fe'n cynnal sesiwn yn canolbwyntio ar basio i'r chwith.

Roedden ni'n lwcus iawn o'r chwaraewyr aeth mas ar y daith yna. Roedd lot o'r Cymry yn ein plith yn dechrau disgleirio wrth i dîm Cymru ddechrau profi'r llwyddiant a ddaeth yn rhan naturiol o fywyd yn y saithdegau. Roedd unigolion o'r gwledydd eraill hefyd ar eu gorau, chwaraewyr fel David Duckham o Loegr a Mike Gibson o Iwerddon. Fe gyflawnon ni gamp hanesyddol, wrth gwrs, trwy ennill cyfres brawf yn Seland Newydd am y tro cynta erioed. Roedd hynny'n deimlad anhygoel a dweud y gwir, yn foment falch iawn yng ngyrfa pob un ohonon ni.

Ond mae'n rhyfedd shwd mae rhai yn barod i feirniadu hyd yn oed llwyddiant fel 'na. Roedd rhai'n fwy na pharod i drio dod o hyd i ryw ffordd o beidio â rhoi'r sylw a'r cyhoeddusrwydd gorau i'r fuddugoliaeth gynta a Carwyn druan yn gorfod gwrando ar y sylwadau diflas hynny. Ato fe, mewn gwirionedd, y bydde'r rhan fwya o'r sylwadau wedi'u hanelu:

'Sdim rhyfedd iddyn nhw ennill, roedd casgliad o chwaraewyr arbennig o dda yn y garfan – galle unrhyw un fod wedi'u hyfforddi nhw a phrofi'r un llwyddiant.'

Dyna'r math o beth oedd yn cael ei ddweud gan ambell un. Mae hwnna'n gwbl annheg ac yn ffordd gwbl blentynnaidd o feddwl. Mae'r byd rygbi'n gwbod yn iawn beth oedd hyd a lled yr hyn a gyflawnwyd gan y garfan ac, yn fwy penodol, gan Carwyn. Hyd heddi, mae rygbi Seland Newydd yn sôn am gyfraniad y fuddugoliaeth honno at ddatblygiad rygbi yn eu gwlad, a hynny er eu bod yn bobol sydd yn casáu colli. Pan maen nhw'n colli, mae'n gwneud dolur aruthrol iddyn nhw.

Ceson nhw shiglad yn sicr yn 1971, ond wedi iddyn nhw ddod dros hynny roedd eu gwerthfawrogiad o'r hyn a gyflawnwyd gan y Llewod yn ddigon amlwg, chware teg iddyn nhw. Roedd Graham Henry, yn ystod ei gyfnod fel hyfforddwr Cymru, yn cyfeirio'n gyson at bwysigrwydd cyfraniad Carwyn i'r gêm yn Seland Newydd wrth iddo ystyried bod yn hyfforddwr.

Fe gafodd Llewod '66 grasfa gan y Crysau Duon ond fe enillon ni fuddugoliaeth hanesyddol yn eu herbyn yn '71. Ro'n i felly wedi profi'r ddau begwn. Mae gen i falchder anhygoel yn yr hyn a gyflawnwyd yn '71, ac mae Carwyn James yn rhan fawr iawn o'r balchder hwnnw. Doedd e ddim hyd yn oed yn hyfforddi ei wlad ar y pryd ac roedd pobol Seland Newydd i gyd yn holi 'Pwy yw'r boi 'ma?' Erbyn diwedd y daith ro'n nhw'n gwbod yn iawn pwy oedd e.

Mae'r ffaith nad oes neb wedi cyflawni'r gamp o ennill cyfres yn Seland Newydd ers hynny yn dweud lot hefyd. Ond os oedd rhywrai am barhau i geisio ffindo beiau, caewyd eu cegau'n glep lai na blwyddyn a hanner yn ddiweddarach, pan fydde Carwyn yn gyfrifol am fuddugoliaeth enwog arall yn erbyn y Crysau Duon.

9

Yr Urdd a Phriodi

PETAI RHYWUN YN gofyn i fi pa un oedd diwrnod gorau fy mywyd, fydde dim angen i fi oedi am eiliad cyn ateb: 31 Hydref 1972 ar Barc y Strade. Dyna oedd y diwrnod mwya yn fy hanes ar y pryd, ac a finne nawr wedi croesi fy 70 mlwydd oed does dim byd arall wedi digwydd i newid y sefyllfa. Mae'n siŵr y dylen i ychwanegu mai dyna ddiwrnod gorau fy ngyrfa fel chwaraewr rygbi a bod diwrnod fy mhriodas ar frig y rhestr, wrth gwrs, os ydyn ni'n cyfri digwyddiadau oddi ar y cae rygbi. Ond bydde fe'n dipyn o job gwahanu'r ddau achlysur hynny, mae'n rhaid i fi ddweud.

Mas yn Seland Newydd yn 1971 y des i wbod gynta bod tîm y wlad honno i ddod i chware yn Llanelli ar ddiwrnod ola mis Hydref y flwyddyn ganlynol. Yn ystod un o'r sgyrsiau cyson gyda'r Cymry Cymraeg, tynnodd Carwyn James fi a Derek Quinnell – y ddau chwaraewr o dîm Llanelli oedd ar daith y Llewod – i'r naill ochr a gofyn shwd bydden ni'n lico chware yn erbyn y Crysau Duon ar Barc y Strade. Wel, roedd e'n anodd gwbod shwd oedd dechrau ymateb. Ro'n i'n gyffrous tu hwnt wrth feddwl am y fath gyfle, ac roedd clywed y newyddion mas yn Seland Newydd yn gwneud y peth yn fwy byw o lawer rywsut. Felly, wedi i'r cyffro o faeddu Seland Newydd mewn cyfres ar eu tomen eu hunain ddechrau pellhau i gefn y cof, roedd meddwl am gael chwarae yn eu herbyn yn fy milltir sgwâr i'n tyfu'n bwysicach a phwysicach.

O'n safbwynt ni fel chwaraewyr clwb Llanelli, chawsai fawr ddim ei grybwyll ynglŷn â gêm y Crysau Duon trwy gydol tymor 1971/72. Mae'n siŵr bod y pwyllgor wrthi'n fishi yn trefnu pob math o ddigwyddiadau, a Carwyn a'i dîm hyfforddi hefyd yn cynllunio. Ond bwrw mla'n 'da'r tymor roedden ni'r chwaraewyr yn ei wneud. Roedd Pencampwriaeth y Pum Gwlad yn 1972 yn un eitha gwahanol. Fe chwaraeais i ym mhob gêm, er mai dim ond tair gêm 'nes i chwarae. Nawr, mae hwnna'n swnio fel deunydd ar gyfer cwis mewn tafarn, on'd yw e? Y rheswm dros hynny oedd na chafodd y Bencampwriaeth ei chwblhau'r flwyddyn honno, a hynny am y tro cynta ers yr Ail Ryfel Byd. Nid oedd tîm Cymru na thîm yr Alban yn fodlon teithio i chwarae yn Nulyn gan iddi fod yn flwyddyn waedlyd iawn ar strydoedd Gogledd Iwerddon y flwyddyn honno. Dyna flwyddyn erchylltra Bloody Sunday, pan laddwyd nifer o bobol Gogledd Iwerddon gan filwyr Prydeinig. Yn ôl yr awdurdode, doedd hi ddim yn saff i unrhyw un o'r tair gwlad ym Mhrydain fynd mas 'na i chwarae. Dyna pam na chafodd y Bencampwriaeth ei chwblhau.

O ganlyniad, y gêm ryngwladol ola i ni ei chwarae yn 1972 oedd y gêm yn erbyn Ffrainc ar 25 Mawrth. Fe enillon ni'n ddigon cyfforddus, 20–6, gyda chais yr un gan John Bevan a Gerald Davies a phedair gôl gosb gan Barry John. A dyna'r pwyntiau ola i Barry eu sgorio dros ei wlad a'r tro diwetha iddo fe wisgo crys coch Cymru. Roedd hynny'n golled i rygbi yng Nghymru a thu hwnt hefyd ar y pryd.

Fe chwaraeodd Barry unwaith ar ôl hynny, yn y mis Ebrill hwnnw ar Barc yr Arfau yng Nghaerdydd, mewn gêm yn llawn sêr rhyngwladol. Gêm y Dathlu oedd enw'r gêm, a dathlu hanner can mlwyddiant yr Urdd oedd yr achlysur. Gofynnwyd i Carwyn James ddewis un tîm a Barry John i ddewis y tîm arall. Yr hyn gawson ni wedyn, fwy na heb, oedd tîm Cymru (tîm Barry) yn erbyn tîm Llewod 1971 (tîm Carwyn) – heb y Llewod o Gymru, wrth gwrs. Roedd tîm Barry yn gwisgo crysau gwyrdd ac roedd naw Llew o daith 1971 yn chware iddo fe. Pan es i mewn i'r stafell wisgo, daeth neges i ddweud bod prop rhyngwladol Pen-y-bont, John Lloyd, ddim yn gallu chware, a mewn â fi wedyn i'r tîm i chware fel prop yn hytrach nag ar yr ail reng. Ro'n i yn erbyn y Llew o'r Alban, Sandy Carmichael, a dyna beth oedd sbort. Fe ddysges i lot am chware fel prop. Gareth Edwards a Barry oedd yr haneri i ni, wrth gwrs, ac mewn crysau gwyn roedd Phil Bennett a Chico Hopkins yn haneri i dîm Carwyn. Nid dyna'r tro ola iddyn nhw chware yn gwisgo crysau rhif 9 a 10 gyda'i gilydd. Ar nos Fercher roedd y gêm, a'r gic gynta am chwarter wedi chwech. Daeth dros 30,000 i Barc yr Arfau i weld gêm oedd yn debygol o fod yn un arbennig oherwydd yr amgylchiadau. Ar y pryd, doedd neb yn gwbod mai dyna fydde gêm ola Barry. Gwnaeth y ffaith 'na yr achlysur hyd yn oed yn fwy sbesial o wbod hynny.

Ac wrth gwrs, fe sgoriodd Barry gais yn y gêm, un nodweddiadol iawn ohono fe. Fe redodd rhyw 40 llath, mewn a mas rhwng ei daclwyr fel 'se nhw ddim 'na, a thirio'r bêl i floedd y dorf.

Ond sdim diben i chi ofyn i fi pwy enillodd. Dw i ddim yn cofio. Nid dyna oedd yn bwysig y diwrnod hwnnw. Roedd yn achlysur arbennig iawn, nid yn gymaint oherwydd y gêm ei hun ond oherwydd ei fod yn gyfle i'r cefnogwyr weld 30 o chwaraewyr rhyngwladol a nifer fawr ohonyn nhw wedi bod ar daith lwyddiannus y Llewod y flwyddyn cynt. Roedd hefyd yn ddigwyddiad pwysig er mwyn casglu arian i'r Urdd, a fydde neb yn fwy balch na Carwyn o gael cyfle i roi cyfraniad i'r mudiad a hynny mewn ffordd mor wahanol. Mae rhaglen y gêm yn llawn erthyglau gan rai o fawrion y gêm yng Nghymru, pobol fel Dewi Bebb, Onllwyn Brace a Cliff Morgan, a'r tri'n canmol cyfraniad yr Urdd i fywyd pobol ifanc Cymru.

Rai wythnosau wedi hynny, roedd tîm Llanelli 'nôl yng Nghaerdydd ar gyfer ffeinal gynta erioed Cwpan yr Undeb Rygbi. Roedd yn gystadleuaeth newydd, ac yn arwydd pellach o'r ffordd roedd y gêm yn datblygu yng Nghymru y dyddiau hynny. Colli wnaethon ni, yn erbyn Castell Nedd, ond bydden ni fel tîm 'nôl yng Nghaerdydd ar gyfer sawl ffeinal arall am flynyddoedd wedi hynny, gan ennill pob un ohonyn nhw.

Wrth i'r tymor hwnnw ddod i ben, roedd y meddyliau'n dechrau troi at y tymor nesa, gan y bydde ymwelwyr arbennig ar Barc y Strade yn yr hydref.

Roedd Carwyn yn amlwg yn meddwl pwy roedd e
ishe i chware'r diwrnod hwnnw sbel cyn i'r tymor
ddechrau, ac roedd e wedi dechrau meddwl am ddod
ag ambell chwaraewr newydd i mewn i'r tîm. Ond
cyn i hyn oll ddigwydd, roedd gan y clwb daith i Dde
Affrica er mwyn chware yn erbyn taleithiau'r wlad.
Unwaith eto, doedd Carwyn ddim yn barod i deithio
yno oherwydd ei safbwynt moesol a gwleidyddol,
ac roedd y tîm felly yng ngofal Norman Gale, â Phil
Bennett yn gapten.

Fe es i ar y daith yn 1972, er nad o'n i'n hapus â'r
hyn weles i mas 'na gyda'r Llewod rai blynyddoedd
ynghynt. Fy nheimlad i oedd mai mynd mas i
chware rygbi ro'n i ac, yn ogystal â hynny, roedd y
profiadau ges i yno bryd hynny yn profi bod modd
i ni, chwaraewyr rygbi, ar bob cyfle posib, ddangos
yn ein ffordd ein hunain beth oedd ein barn am y
sefyllfa.

Ond yr hyn oedd yn fy mhoeni wrth baratoi ar
gyfer y daith honno, a thra bo fi mas 'na 'fyd, oedd
meddwl rhoi'r gorau i chware rygbi yn gyfan gwbl.
Bues i'n ystyried hynny o ddifri am beth amser ar ôl
dod 'nôl o daith y Llewod i Seland Newydd yn 1971,
a hynny am sawl rheswm.

Ro'n i wedi bod ar daith gyda'r Llewod deirgwaith
ac ro'n i wedi bod yn rhan o dîm Cymru a enillodd
y Gamp Lawn. Ro'n i wedi cael amser da gyda thîm
Llanelli ac wedi bod yn lwcus i fod yno pan oedd y
tîm yn datblygu dan ofal Carwyn. Beth arall allwn i
ei gyflawni? Bydde'n well i fi ddechrau meddwl bod
diwedd cyfnod yn agosáu nawr, meddwn i wrtha i fy

hunan. Alle pethe ddim bod yn well ar y cae rygbi i fi nag oedden nhw ar y pryd.

Wrth i fi ddod yn dad yn ogystal, bydde newid byd yn dod yn fuan. Ar ddiwedd y chwedegau, cwrddes â Bethan mewn dawns yn y *barracks* ar un o'r teithiau mas o Fancyfelin ar nos Sadwrn. Merch o dre Caerfyrddin yw hi. Fe briodon ni yn Eglwys San Pedr yng nghanol tre Caerfyrddin, gan fod Bethan yn aelod yno ac yn rhan o'r côr hefyd. Roedd hi'n gweithio yn y Weinyddiaeth Amaeth yn y dre ar y pryd, a fan'na buodd hi nes iddi gwpla gweithio. Doedd dim cyfle i fynd am fis mêl am fy mod wedi addo chware i'r Irish Wolfhounds mas yn Iwerddon, felly dim ond tridiau o wyliau geson ni. Fe briodon ni ar ddydd Sadwrn, lan i Landudno tan ddydd Mercher ac wedyn 'nôl â ni i Gaerfyrddin er mwyn i fi allu hedfan mas i Iwerddon. Roedd gofyn i fi gymryd wythnos bant o'r gwaith – tri diwrnod ar gyfer y mis mêl a'r gweddill ar gyfer rygbi. Doedd hynny ddim yn ei phlesio, ond roedd yn flas cynnar ar shwd fywyd fydde gan wraig i chwaraewr rygbi.

Wedi i ni fod yn briod am dair blynedd, penderfynon ni ein bod am ddechrau teulu a ganwyd ein plentyn cynta, Tracy, yn 1971. Wedi hynny, bydde patrwm bywyd yn siŵr o newid ac yn arbennig ein gwyliau. Er mwyn mynd am dri neu bum mis ar y tro ar daith y Llewod, rhaid oedd cael amser bant o'r gwaith, wrth gwrs, a bydde hynny'n cynnwys yr holl ddyddiau ro'n i'n eu cael fel gwyliau blynyddol. Bydde'r un peth yn wir am deithiau Cymru ac, o bryd i'w gilydd, gêmau bant neu deithiau gyda thîm

Llanelli. Doedd dim amser, felly, i Bethan a fi fynd bant ar wyliau gyda'n gilydd a fydde dim cyfle i ni'n tri fynd fel teulu bach wedi i Tracy gyrraedd chwaith.

Yr ergyd fwya i fi wedi dod 'nôl o Seland Newydd yn 1971 oedd gweld Bethan a Tracy yn dod i 'nghyfarfod yn y stesion yng Nghaerfyrddin a'r un fach yn cadw draw oddi wrtha i mewn ofon, am nad oedd hi yn fy adnabod. Wedyn, 'nôl adre, pan fydde Bethan yn gadael y stafell, roedd Tracy yn cropian mor glou ag y gallai mas o'r stafell er mwyn osgoi bod ar ei phen ei hun 'da fi. Shiglodd hwnna fi i'r gwraidd a dweud y gwir ac roedd angen meddwl o ddifri am fod bant o gartre am gyfnodau hir wedi hynny.

Wrth i ni adael De Affrica yn 1972, ac wrth i finne ishte yn yr awyren, ro'n i'n weddol sicr fy meddwl y byddwn i'n dweud wrth Carwyn, pan fydden i'n ei weld 'nôl yn Llanelli, y bydde'n rhaid i fi roi'r gorau i'r gêm cyn dechrau'r tymor newydd. Ond roedd 'da Carwyn syrpréis fawr iawn i fi, er nad oedd e ar yr awyren ei hunan wrth gwrs. Daeth Handel Greville lan ata i a dweud bod Carwyn a'r pwyllgor ishe i fi fod yn gapten ar y tîm ar gyfer y tymor wedyn. Ysgydwodd hynny fi. O safbwynt y rygbi, nid fi oedd y capten yn ystod y tymor oedd newydd orffen. Nid fi oedd y capten ar y daith i Dde Affrica chwaith, ond eto roedd Carwyn am i fi fod yn gapten ar gyfer tymor 1972/73. Dychmygwch shwd ro'n i'n teimlo wrth feddwl am fod yn gapten ac am fy nghyfrifoldeb fel tad ochr yn ochr â'i gilydd. Pwysleisiodd Handel eu bod am roi'r cynnig cynta i fi fod yn gapten, cyn gofyn am bleidlais gan weddill y tîm, ac fe wnaed hynny yn y fan a'r lle. Dw i ddim yn gwbod oedd Handel neu rywun arall, falle Carwyn, wedi cael gair bach mla'n llaw 'da ambell un, ond y funud y cyhoeddodd Handel ei fod am gynnig mai fi ddyle fod yn gapten ar y clwb, neidiodd Grav ar ei draed ac eilio'r cynnig yn syth, cyn i Handel gwpla'i frawddeg bron.

Dyna ni, felly. Erbyn i fi gerdded oddi ar yr awyren ro'n i'n gapten ar y clwb yr ymunes ag e yn grwt 19 oed, a finne erbyn hynny'n tynnu at y 30. Penderfynodd y clwb hefyd mai 1972/73 oedd blwyddyn ein canmlwyddiant. Bu lot o drafod ynglŷn ag union ddyddiad y canmlwyddiant, ond fe benderfynwyd yn y diwedd mai honno fydde blwyddyn y dathlu. Roedd dau ddyddiad yn cael eu cynnig fel blwyddyn dechrau'r clwb, 1872 ac 1875, ac fe dderbyniwyd y cynta yn y diwedd. Bydde hi'n flwyddyn, felly, o gynnal gêmau arbennig i nodi'r achlysur ynghyd â digwyddiadau a chiniawau ychwanegol. Fi fydde capten y clwb drwy gydol y flwyddyn arbennig honno. Ac wrth gwrs, fi fydde'n arwain fy nhîm yn erbyn mawrion Seland Newydd. Go brin 'y mod wedi meddwl y byddwn yn gapten ar dîm Llanelli pan soniodd Carwyn wrtha i mas yn Seland Newydd yn '71 y bydden ni'n chware'r Crysau Duon ar y Strade. Ond tybed oedd Carwyn ei hunan wedi dechrau meddwl pwy fydde ei gapten, hyd yn oed 'nôl cyn belled â hynny?

10

Yr Awr Fawr a Grav

WEDI HIR DDISGWYL, daeth y diwrnod mawr. Doedd pawb o fois y garfan ddim wedi dod i wbod yn syth ein bod ni'n chware'r Crysau Duon – dod i ddeall dros gyfnod o amser wnaethon nhw, a rhai ddim wedi deall hynny'n iawn tan i'r tymor ddechrau ym mis Medi. Ond yn wythnosol wedi i ni ddod 'nôl o Dde Affrica roedd 'na ryw bwyslais newydd yn y sesiynau hyfforddi a hynny, mae'n siŵr, er mwyn paratoi ar gyfer y gêm fawr. Fydde fe ddim yn rhywbeth ffurfiol, dim ond rhyw sgwrs fach fan hyn a fan 'co, rhyw drefniant yn cael ei gyhoeddi gan y clwb neu ambell sgwrs fach rhwng rhai o'r chwaraewyr yn ystod sesiwn ymarfer. Mae'n siŵr bod Carwyn, wrth gwrs, yn meddwl am baratoadau'r gêm yn ddyddiol.

Un peth oedd yn amlwg ar ei feddwl oedd yr angen i gryfhau'r garfan. Roedd Carwyn yn grediniol bod angen rhyw dri chwaraewr newydd i ychwanegu at yr hyn oedd gyda ni'n barod. Dros gyfnod o rai misoedd, o ganol yr haf reit lan tan ychydig wythnosau cyn y gêm, bu'n trafod â thri chwaraewr yn eu tro ac fe lwyddodd i ddod â nhw i gyd i'r Strade. Daeth yr asgellwr J J Williams o dîm Pen-y-bont, Chico Hopkins, y mewnwr, o Faesteg a'r blaenasgellwr

Tom David o Bontypridd i Lanelli. Dwedodd y tri iddyn nhw ddod yno, yn syml, oherwydd un dyn, Carwyn James. Ychwanegodd JJ mai Llanelli oedd y tîm roedd pob chwaraewr â mymryn o uchelgais ishe chware iddyn nhw gan mai nhw oedd Man Utd y byd rygbi.

Felly, erbyn dechrau mis Hydref roedd Carwyn wedi llwyddo i gwblhau ei garfan. Roedd wedi gallu dethol a dewis ei chwaraewyr oherwydd cytundeb rhyngddo fe a phwyllgor clwb Llanelli. Roedd wedi gofyn iddyn nhw am yr hawl i reoli'r chwaraewyr, a bydde hynny'n cynnwys dewis tîm ar gyfer pob gêm. Mae'n rhaid canmol y pwyllgor am ddeall gweledigaeth Carwyn ac am adael iddo wneud yr hyn roedd e wedi gofyn am gael ei wneud. Wedi'r cyfan, dyna'r pwyllgor ofynnodd i Carwyn ymuno â'r clwb.

Yn yr wythnosau cyn y gêm, roedd Carwyn wedi trefnu bod rhai o dimau'r pentrefi cyfagos yn dod i'n nosweithiau hyfforddi fel bod cyfle i ni chware yn erbyn tîm llawn yn y sesiynau hynny. Wedyn, wythnos cyn ein gêm ni, fe aeth Carwyn â ni i gyd lan i Gaerloyw i weld y Crysau Duon yn chware yn erbyn y Western Counties, sef gêm gynta eu taith. Roedd y ddau beth 'na'n dangos unwaith eto bod Carwyn yn meddwl am rygbi mewn ffordd mor wahanol i bawb arall.

Daeth hynny'n amlwg hefyd pan ddaeth yr amser i ddewis tîm i chware ar yr 31ain o Hydref. Yr un â'r prif gyfrifoldeb am wneud hynny oedd Carwyn ei hunan, wrth gwrs, ond fe ofynnodd e i Norman Gale, cyn-fachwr rhyngwladol y clwb a hyfforddwr y blaenwyr, i fod yn rhan o'r dewis ac fe ges inne wahoddiad hefyd, fel capten y clwb. Ond yn wahanol i'r arfer, nid yn un o stafelloedd Parc y Strade roedd y cyfarfod i ddewis y tîm. O na, nid dyna steil Carwyn. Fe gawson ni'r drafodaeth yn ei gartre yng Nghefneithin. Sgwrs fach hamddenol oedd hi, yn stafell fyw yr un a gynlluniodd gwymp y Crysau Duon yn 1971. Roedd hi'n broses weddol rwydd i ddewis y tîm ond roedd dau benderfyniad wnaeth beri problem fawr i fi'n bersonol.

Mewnwr poblogaidd iawn tîm Llanelli'r dyddiau hynny oedd Selwyn Williams. Roedd yn chwaraewr da iawn, yn ddigon bywiog o amgylch y cae ac yn llond llaw i'r gwrthwynebwyr – yn enwedig pan fydde fe'n dod mas â'i iaith liwgar! Ond, wrth gwrs, roedd Carwyn wedi dod â Chico Hopkins o Faesteg i'r tîm. Roedd ganddo un cap dros Gymru a bu'n rhan o daith '71. Ym marn Carwyn, roedd ganddo fwy o brofiad na Selwyn a fe gafodd ei ddewis, er nad fe fydde'n arfer gwisgo crys rhif 9 i Lanelli.

Yn yr un modd, roedd Alan James, y blaenasgellwr, wedi bod yn was ffyddlon i'r clwb ac yn chwaraewr caled iawn. Ond roedd Carwyn wedi dod â Tom David i Lanelli o Bontypridd. Y rheswm, yn ôl y sôn, oedd ei fod yn awyddus i gynnwys blaenwr oedd yn gallu cario pêl ac yn gallu rhedeg at y gwrthwynebwyr. Felly, Tom gafodd ei ddewis, er nad oedd e wedi chware dros Gymru ar y pryd.

Roedd y ddau benderfyniad 'na yn rhai anodd iawn i fi, ac mae'n gas 'da fi hyd heddi bod Selwyn, yn enwedig, ddim wedi cael chware. Dw i'n teimlo'n euog iawn am hwnna o hyd. Er clod iddo fe, ddaliodd e ddim dig tuag ata i ar y pryd ac mae e wedi bod yn ddigon teidi wrth drafod y peth 'da fi dros y blynyddoedd ers hynny hefyd. Ond, yn fy marn i, fe ddyle fod wedi chware.

Wedi dewis y tîm, daeth Phil Bennett i ymuno â ni. Roedd Carwyn yn awyddus i gael ei gyfraniad, fel chwaraewr profiadol. Ond y funud y cyrhaeddodd e, bant â ni wedyn gan fod Carwyn wedi trefnu bord mewn tŷ bwyta cyfagos. Felly, aeth y pedwar ohonon ni i'r Angel yn Salem er mwyn trafod y gêm a beth bynnag arall fydde'n codi yn y sgwrs – a hynny, wrth gwrs, dros boteled o win roedd Carwyn wedi'i harchebu.

Roedd y dre ei hunan yn dechrau paratoi ar gyfer y gêm hefyd. Llanwyd dwy ffenest un o siopau canol y dre â lluniau a phosteri'n ymwneud â Llanelli a'r Crysau Duon ac un o'r posteri'n cyhoeddi'n syml, 'The All Blacks are Coming!' Plannwyd gwely o flodau o fewn tir Neuadd y Dre yn nodi canmlwyddiant y clwb ac roedd y papur lleol, y *Llanelli Star*, yn brysur yn llenwi colofnau ei dudalennau chwaraeon â straeon am ddyfodiad bois Seland Newydd. Roedd bwrlwm a chyffro drwy'r ardal i gyd a phawb yn dishgwl mla'n i groesawu'r cewri i'r dre am y tro cynta ers bron i 10 mlynedd. Bryd 'ny, doedd y Crysau Duon na dim un o dimau eraill hemisffer y de yn dod i Ynysoedd Prydain mor amal ag y maen nhw'r dyddiau 'ma. O ganlyniad, roedd ymweliad gan un o dimau pwysica'r de yn achlysur aruthrol a fydde'n cyffroi ardaloedd cyfan. Bydde diwrnod y gêm rygbi yn ddiwrnod i'r brenin go iawn, yn enwedig gan mai'r Crysau Duon oedd yn y dre.

Daeth bore'r gêm. Dihunes yn weddol gynnar ac ro'n i wedi trefnu rhoi lifft i Roy Bergiers, ein canolwr, oedd hefyd yn byw yng Nghaerfyrddin. Bant â ni i gyfeiriad Llanelli yn y Wolseley. Gwesty'r Ashburnham ym Mhorth Tywyn oedd man cyfarfod y tîm y bore hwnnw – unwaith eto, syniad newydd a gyflwynwyd gan Carwyn. Roedd am i ni gwrdd yn ddigon pell o'r Strade, gan sicrhau y bydden ni wedyn yn cyrraedd yno gyda'n gilydd mewn bws. Mae hynny'n drefn ddigon cyffredin erbyn hyn, wrth gwrs, ond doedd hi ddim bryd 'ny.

Tua chanol y bore, roedd pryd o fwyd wedi'i baratoi ar ein cyfer i gyd. Mae gan bawb ei arferion bwyta gwahanol cyn chware mewn gêm a chafodd pawb fwyta yn ôl eu harfer.

Agwedd syml ein cefnwr, Roger Davies, myfyriwr yng Ngholeg y Drindod ar y pryd, oedd na alle myfyriwr wrthod pryd o fwyd am ddim, yn enwedig stecen, felly fe gafodd e'r cwbl lot! O'n safbwynt i, ro'n i wedi dechrau'r arferiad, cyn chware mewn gêmau mawr, o dorri dau wy amrwd mewn gwydryn *sherry* a'i lyncu ar ei ben. Gwelodd dau chwaraewr fenga'r tîm fi'n gwneud hyn wrth y ford ac roedd Ray Gravell a Gareth Jenkins yn credu wedyn mai dyna oedd y drefn i chwaraewyr rhyngwladol. Wedi edrych ar ei gilydd mewn syndod llwyr, fe benderfynon nhw wneud yr un peth. Ond dw i ddim yn credu iddyn nhw gael yr un blas ar y peth rywsut, ddim yn ôl eu gwynebau ta beth!

Roedd Carwyn wedi trefnu bod ambell un yn galw draw i'r Ashburnham i gael gair 'da ni cyn y gêm ac fe ddaeth cadeirydd y clwb, Handel Greville, a Rheolwr Hyfforddi Undeb Rygbi Cymru, Ray Williams. 'Na ddangos pa mor graff oedd Carwyn yn ystod y bore, achos fe sylwodd ein bod yn dechrau cyffroi gormod wrth i'r tensiwn ddechrau cynyddu. Yn annisgwyl i bawb, cyhoeddodd ein bod ni i gyd yn mynd am dro lawr yr hewl i Glwb Golff Ashburnham ac fe fuon ni fan'na am beth amser. Roedden ni wedi bod yno'r noson cynt hefyd, er mwyn cyfarfod yn anffurfiol. Erbyn i ni fynd 'nôl i'r gwesty wedyn, ro'n ni wedi ymlacio drachefn, a thacteg ein hyfforddwr wedi gweithio unwaith 'to.

Daeth yn amser i fi siarad â'r chwaraewyr wedyn. Mae'n rhyfedd fel mae amser yn chware triciau 'da'r cof. Pan oedd cyfle y llynedd i gofio am y gêm, a hynny 40 mlynedd yn ddiweddarach, roedd 'na anghytuno ymhlith bois y tîm ynglŷn â lle 'nes i fy araith. Roedd rhai'n gwbl grediniol mai yn y stafell wisgo ar y Strade y ces i air 'da nhw ond roedd eraill yn dweud mai yng ngwesty'r Ashburnham y gwnes i hynny. Yn bersonol, ro'n i'n sicr mai yn y gwesty 'nes i'r araith. Wedi trafod ymhlith ein gilydd, mae'n siŵr mai'r gwir yw i fi siarad fwya yn y gwesty ac yna dweud ambell air pellach yn y stafell newid. Felly mae pawb yn iawn.

Mae'r chwaraewyr eraill wedi bod yn ddigon caredig i ddweud wrtha i'n bersonol ac yn gyhoeddus hefyd bod yr araith wedi'u hysbrydoli. Dwedodd Phil Bennett yn y *Western Mail* y diwrnod canlynol bod yr hyn ddwedes i wedi gwneud iddo lefain. Nid dyna oedd 'y mwriad i. Yr hyn 'nes i drio gwneud wrth sefyll o flaen y bois oedd rhoi syniad iddyn nhw o'r hyn roedd y diwrnod hwnnw'n ei olygu i fi. Fe ddwedes i fi fod ar dair taith gyda'r Llewod, 'mod i wedi chware i Gymru ac ennill y Gamp Lawn, ond y byddwn i'n fodlon ildio'r cyfan er mwyn curo'r Crysau Duon ar y Strade, o flaen ein pobol ein hunain. Dyma'r rhai fydde'n ein cefnogi ni'r prynhawn hwnnw, medde fi, pobol o'r dre, pobol y pentrefi o amgylch a phobol o ardaloedd eraill yn Sir Gaerfyrddin. Dyma'r rhai oedd yn gweithio ochr yn ochr â ni yn y gwaith dur ac yn ein hysgolion, ein ffatrïoedd a'n cynghorau lleol. I fi, bydde ennill o flaen y cefnogwyr hyn yn golygu mwy na dim arall. Ac ie, hyd yn oed yn bwysicach nag ennill cyfres brawf 'da'r Llewod mas yn Seland Newydd.

Mla'n â fi wedyn i ddweud na fydde'r fath fuddugoliaeth yn hawdd. Bydde angen ymroddiad a phendantrwydd nad oedden nhw wedi'i ddangos o'r blaen. Sawl gwaith ar hyd y blynyddoedd cyn y gêm honno, ro'n i wedi dweud mewn rhyw sgwrs neu'i gilydd na fydde'r bois yn gwbod beth oedd rygbi go iawn nes iddyn nhw chware yn erbyn Seland Newydd. Cael fy wfftio a 'mhoeni gawn i bob tro y byddwn i'n dweud hynny. Ond yn yr Ashburnham, roedd gen i gyfle arall i'w hatgoffa nhw o hynny. Dwedes y bydden nhw'n cael eu taclo'n galetach ac yn fwy ffyrnig nag roedden nhw wedi cael eu taclo erioed, fydde'r chware ddim yn bert nac yn lân chwaith, ond pe bydden nhw'n gallu darllen stori'r gêm yn y

Western Mail y bore canlynol, bydde hynny'n golygu eu bod wedi llwyddo i bara tan ddiwedd y gêm, er na fydden nhw'n cofio fawr ddim amdani.

Bant â ni ar y bws wedyn, a chyn gadael Porth Tywyn roedd pobol wedi dechrau casglu wrth ochr yr hewl i'n cyfarch wrth inni fynd heibio. Roedd hynny'n arwydd cynnar o'r hyn oedd i ddod. Yn y sêt flaen, roedd chwaraewr fenga'r tîm yn ishte yn amlwg yn nerfus iawn. Grav. Fe es i ishte wrth ei ymyl a siarad 'da fe ar hyd y daith. Wrth agosáu at dre Llanelli, roedd e, fel pawb arall, wedi'i syfrdanu gan y torfeydd oedd yn sefyll ar hyd y pafin ar ddwy ochr yr hewl, pob un yn chwifio sgarff neu faner. Doedd dim un ohonon ni, ddim hyd yn oed y chwaraewyr rhyngwladol a'r Llewod yn ein plith, wedi gweld y fath beth o'r blaen. Doedd dim modd symud wrth gamu mas o'r bws wedi cyrraedd y Strade gan fod cymaint o gefnogwyr yno.

Mewn â ni rywsut i'r stafell newid a chael cyfle i ishte'n dawel yn ein llefydd ar y meinciau. Aeth y si ar led bod bws Seland Newydd wedi cyrraedd ac fe safodd lot ohonon ni ar y meinciau er mwyn edrych mas drwy'r ffenest gul uchel ar wal y stafell newid. Dechreuodd rhai ryfeddu at faint eu blaenwyr a gweld bod dau neu dri ohonyn nhw'n gwisgo hetiau tebyg i het cowboi. Creodd yr hetiau yna dipyn o stŵr, hyd yn oed ymhlith y Crysau Duon eu hunain, gyda llaw. Roedden nhw wedi'u prynu yng Nghanada ar y ffordd draw i Brydain. Y chwaraewyr oedd yn eu gwisgo oedd y rhai a ystyriai eu hunain yn henaduriaid y garfan, ond aelodau'r Maffia yn hytrach na diaconiaid capel oedden nhw! Nhw, a nhw yn unig, gâi ishte yn sedd gefn y bws. Cawson nhw eu beirniadu gan bobol eu gwlad am greu argraff anffodus o fwriad y daith a delwedd annerbyniol o rygbi Seland Newydd.

Ond chawson ni ddim sefyll am yn hir ar y meinciau. Gwnaeth Carwyn yn siŵr o 'ny. Galwodd bawb 'nôl lawr i ishte yn ddigon cyflym, am nad oedd yn awyddus i ni ganolbwyntio gormod ar y sawl y bydden ni'n chware yn eu herbyn. Aeth e â fi mas i'r cae sbel fach cyn y gêm, er mwyn i fi brofi'r awyrgylch a gweld shwd oedd y Strade'n edrych. Roedd yn olygfa anhygoel. Ac erbyn i'r tîm fynd mas i gael tynnu ein llun, roedd hi hyd yn oed yn fwy anhygoel. Roedd pobol ym mhobman, ym mhob twll a chornel. Chadwodd Carwyn mohonon ni mas 'na'n rhy hir, rhag ofon i'r cyfan wneud i ni deimlo'n rhy emosiynol cyn i ni ddechrau chware. 'Nôl mewn â ni felly, ac fe ddaeth y cyfle i fi ddweud gair eto – hynny yw, ar ôl i Grav fynd trwy ei drefn arferol o baratoi ar gyfer gêm. Bydde fe'n canu ambell gân cyn cydio mewn papur tŷ bach, mynd draw yno, cyfogi'n ddigon swnllyd, bango'i ben sawl gwaith yn erbyn cefn y drws a dechrau canu rhagor o ganeuon – rhai Dafydd Iwan fel arfer. Roedd Grav yn mynnu rhedeg mas i'r cae y tu ôl i fi ar gyfer pob gêm y bydden ni'n chware 'da'n gilydd. Bydde'r bois eraill yn ei boeni'n ddienaid am hynny yn ddigon amal, ac yn cydio yng ngwaelod cefn ei grys wrth iddo redeg mas tu ôl i fi er mwyn ei ddal 'nôl a gadael i chwaraewr arall ei basio. Bydde Grav yn mynd yn benwan pan fydden nhw'n gwneud hynny. Ond wnaeth neb fentro gwneud y fath beth ar ddiwrnod y gêm yn erbyn Seland Newydd.

Wedi i fi rannu ambell air pellach, dwedodd Grav a Gareth Jenkins eu bod yn barod i gerdded mas i'r cae drwy'r wal yn hytrach na'r drws. Mas â ni i gyd i'r cae wedyn, ar gyfer y gêm fwya yn hanes y Strade.

11

9–3
a Thafarndai Sych

Os OES 'NA sawl fersiwn wedi bod o ble'n union 'nes i rannu fy araith â'r garfan, mae lot mwy o amrywiaeth yn y ffigyrau gyhoeddwyd ynglŷn â faint oedd yn y gêm. Yn ôl rhai roedd 18,000 yno ac mae'r rhif 'na'n tyfu i ryw 28,000 yn ôl eraill, a phob rhif arall posib rhwng y ddau. Ac os gwnewch chi wrando ar bawb sy'n dweud eu bod nhw wedi bod yn y gêm, roedd hanner poblogaeth Sir Gâr yno.

Y ffigwr cywir, yn ôl pob tebyg, yw 25,000. Dyna ffigwr y dyn oedd yn gyfrifol am y tocynnau'r diwrnod hwnnw, Marlston Morgan, y partner oedd yn ishte 'da fi o dan gloc stesion Paddington yn 1966. Erbyn 1972 roedd e ar bwyllgor y Scarlets ac yn gyfrifol am drefniadau'r wasg yn ogystal â'r tocynnau.

Wrth i ni gerdded mas ar y cae o flaen y fath dyrfa, dw i ddim yn credu y bydde geiriau 'da'r un ohonon ni i ddisgrifio'r wefr gawson ni wrth gamu i ganol y crochan oedd yn berwi ar y Strade'r diwrnod hwnnw. Dyna'r argraff gafodd awyrgylch mor angerddol â hynny ar fois y Crysau Duon hefyd. Dwedodd

eu hasgellwr, Bryan Williams, sydd erbyn heddi'n
Llywydd undeb rygbi ei wlad, bod cyfraniad y dorf
wedi'u shiglo yn sicr, yn enwedig gan eu bod mor agos
at y cae. Agwedd arall gyfrannodd at yr awyrgylch
bygythiol hwn ro'n nhw'n ei deimlo oedd y ffaith bod
y sgorfwrdd yn y Gymraeg. Roedd y cyfan, medde fe,
yn cyfrannu at y teimlad eu bod mewn lle dierth ac
anghyfforddus.

Cawson ni ddechrau arbennig i'r gêm. O fewn
y pum munud cynta ro'n nhw wedi ildio cic gosb,
oherwydd trosedd yn y llinell. Roedd Carwyn wedi
canolbwyntio lot ar y llinellau ac yn credu bod 'na
fan gwan 'da nhw yno. O fewn munud gynta'r gêm,
sylweddoles unwaith eto bod ei ddadansoddiad yn
iawn. Phil Bennett gymerodd y gic gosb, a hynny o
gryn bellter, ac fe hedfanodd drwy'r awyr a bwrw'r
postyn. Aeth mas i ddwylo eu mewnwr nhw, Lindsay
Colling, ac fe giciodd e am yr ystlys. Ond roedd Roy
Bergiers yn rhy gyflym iddo ac fe darodd y gic i lawr,
a syrthio ar y bêl wrth iddi groesi'r llinell gais. Cais
dramatig i ni, felly, reit ar ddechrau'r gêm. Aeth y
dorf yn wallgo wrth i'r sgorfwrdd ddangos Llanelli
6–0 Seland Newydd.

Os siaradwch chi â'r rhan fwya o'r chwaraewyr
heddi, dw i ddim yn credu y byddan nhw'n cofio fawr
ddim am y gêm. Go brin bod pob symudiad yn fyw
ar gof yr un ohonon ni. Doedd hi ddim yn gêm lân
iawn. Defnyddiwyd y gair 'brutal' i'w disgrifio gan
rai newyddiadurwyr a fyddwn i ddim yn anghytuno
â nhw. Mae ambell eiliad benodol yn aros yn y cof:
tacl anhygoel gan Roger Davies; rhediad gan Chico

Hopkins wnaeth bron dod â chais i ni; gwaith Barry Llewelyn, y prop, yn cadw Alistair Scown yn dawel; Gareth Jenkins yn taflu ei hun at bawb a phopeth, heb fecso dim am ganlyniadau hynny; ac, wrth gwrs, cic gosb hir Andy Hill i fynd â ni 9–3 ar y blaen.

Ond mae un weithred sy'n aros yn glir iawn yn y cof, i fi ac i sawl chwaraewr arall hefyd. Tua diwedd y gêm ro'n nhw'n pwyso a phwyso yn agos iawn at ein llinell gais ni. Bydde trosgais wedi dod â nhw 'nôl yn gyfartal. Daeth cic hyfryd ganddyn nhw, a'r bêl yn hedfan yn uchel tuag at ein cornel ni. Roedd Phil Bennett 'nôl yno i'w dal yn lân, reit ar yr ystlys a'i gefn at y chware. Doedd fawr ddim lle ganddo i wneud unrhyw beth â'r bêl ac ar ben hynny roedd eu heilydd o asgellwr nhw, Grant Batty, yn rhedeg yn syth tuag ato. Rywsut neu'i gilydd, fe lwyddodd i ochrgamu ar bishyn chwech, troi yr un pryd a chicio'r bêl lawr y cae. Wrth i'r bêl hedfan tua'r hanner a hithe'n troelli a throelli roedd yn rhaid i'w cefnwr nhw, Kirwan, redeg mas tua'r ystlys ond fe fethodd â rhwystro'r bêl rhag croesi. Roedd llai o bwysau arnon ni wedi 'ny. Ond delwedd gofiadwy'r symudiad 'na oedd Grant Batty yn rhedeg nerth ei draed at Phil, ac wrth iddo ynte ochrgamu, neidiodd Grant i'w daclo – ond doedd Phil ddim yno mwyach, ac fe gwmpodd Grant Batty ar ei wyneb yn y mwd, er mawr fwynhad i'r dorf. Rai blynyddoedd wedi hynny, roedd Grant Batty'n ddigon o ddyn i gydnabod bod Phil wedi gwneud yn anhygoel o dda yn y symudiad 'na ac yn sicr wedi gwneud ffŵl ohono fe.

Wrth i'r gêm dynnu at y diwedd, a ninne chwe

phwynt ar y blaen, roedd hi'n dal i fod yn anodd dechrau meddwl ein bod yn mynd i ennill. Fe ddechreues feddwl am hynny wedi i gic Andy Hill lwyddo ac yna wedi i Phil glirio'r bêl mor hyfryd. Diolch i'r drefn, fe lwyddon ni i ddal gafael ar ein mantais ac fe chwythwyd y chwiban ola. Ro'n ni wedi ennill! Wedi curo'r Crysau Duon. Aeth y Strade yn hollol wallgo. Daeth y dorf ar y cae ac fe ges i 'nghario ar ysgwyddau rhai ohonyn nhw o fewn eiliadau. Fe geisiodd rhai o'i ffrindie gario Roy Bergiers, ond fe wnaethon nhw gawl ohoni ac fe gwmpodd yn swp ar y llawr â'i goesau yn yr awyr.

Cymerodd oes i ni gyrraedd y stafell newid ac roedd honno'n llawn cefnogwyr hefyd. Dyna lle'r oedd dynion mewn oed yn ein cofleidio ni chwaraewyr ac eraill yn cydio mewn ambell ddarn o fwd ar ein hesgidiau er mwyn ei gadw fel *souvenir*. Roedd 'na ganu a gweiddi a churo dwylo a churo cefnau. Ac yng nghanol y cyfan, roedd Carwyn. Yn wên o glust i glust, yn dawel, yn fodlon a balch. Doedd dim smic o'r stafell newid arall. Roedd hi fel y bedd yno. Pob un wedi'i syfrdanu eu bod nhw wedi colli'r gêm.

Lan lofft wedyn, yn Stafell y Noddwyr, roedd y cinio swyddogol wedi'r gêm. Roedd hi fel ffair yno. Mae'n siŵr ei fod e'n lle anodd iawn i garfan y Crysau Duon y diwrnod hwnnw. Mae gan lot o'r bois straeon am ymateb digon swrth gan rai o fois Seland Newydd wrth iddyn nhw drio trafod y gêm 'da nhw. Cafodd dau o fois y Sosban ymateb digon plaen gan y mewnwr Sid Going wrth iddyn nhw ofyn iddo fe shwd oedd e. Fyddech chi ddim yn debygol o glywed ei ateb yn y cwrdd ar fore Sul!

Stori Gareth Jenkins oedd gyda'r gorau o'r straeon yn y cinio wedi'r gêm. Cafodd e gêm galed iawn ac erbyn y cinio roedd ganddo ddau lygad du pert ofnadw. Daeth un dyn ato fe yn y cinio – doedd Gareth ddim yn 'i adnabod ond roedd yn amlwg yn ddyn busnes cefnog iawn. Wedi sgwrsio â Gareth am y gêm, trodd ato a chynnig papur deg punt iddo, gan ddweud mai'r ffordd orau o wella llygaid duon oedd rhoi stecen drwchus amrwd arnyn nhw. Roedd Gareth i fod prynu stecen â'r arian, ond roedd ganddo syniad gwahanol iawn o shwd bydde fe'n hala'r ddeg punt. Ar y pryd, cyflog Gareth am weithio yng ngwaith dur Llanelli, y Klondike fel roedd e'n cael ei alw, oedd ychydig dros ugain punt yr wythnos. Roedd ganddo hanner ei gyflog wythnosol yn ei law i brynu cig i roi ar ei lygaid. Doedd dim gobaith mai dyna fydde fe'n ei wneud â'r deg punt, a draw â fe at y bar i ddechrau dathlu. Aeth e ddim i'r gwaith y diwrnod canlynol, gan ddweud bod y gŵr caredig yna wedi talu am ddiwrnod bant iddo fe.

Ar ôl y cinio, roedd noson wedi'i threfnu yn y Glen Ballroom yng nghanol y dre. Roedd bwyd ac adloniant yno ac mae'n rhaid i fi gyfadde, do'n i ddim yn cofio pwy oedd yno yn ein diddanu tan i rai o'r bois sôn am hynny yn ystod y dathliadau llynedd. Yno'n canu a dweud jôcs roedd Ryan a Ronnie. Roedd y ddau ar ddechrau eu gyrfa fel deuawd yn y byd adloniant. Roedden nhw wedi perfformio lot yn y Gymraeg ond y flwyddyn honno fe wnaethon nhw benderfynu mentro mwy yn y Saesneg. Y trueni mawr yw bod pawb wedi ymgolli'n llwyr yn y dathlu a ddim yn gallu gwerthfawrogi pwy oedd ar y llwyfan o'n blaenau ni.

Ar ôl y Glen, fe aeth pawb 'nôl i'r man lle dechreuodd y diwrnod, gwesty'r Ashburnham. Fan'na buon ni'n siarad ac yn mwynhau tan oriau mân y bore. Doedd neb ishe gadael. Yn y diwedd, fe adewes i tua thri o'r gloch y bore ac roedd gofyn i fi fod yn y gwaith am wyth. Wrth i fi gerdded i mewn i'r swyddfa yn y bore, roedd pawb yn gorfoleddu gyda fi, a'r bos wedyn yn troi ata i a gofyn pam ar y ddaear ro'n i wedi dod i'r gwaith. Wel, fel 'na roedd pethe ar y pryd. Dyna beth oedd disgwyl i fi neud, a dyna wnes i. Doedd rhai o'r bois ddim wedi cael caniatâd i gael amser bant o'r gwaith i chware yn y gêm, a hithe'n cael ei chynnal ar brynhawn dydd Mawrth, a phrin iawn oedd y rhai gafodd eu talu. Doedd Roy Bergiers, er enghraifft, ddim wedi cael ei dalu am gael amser bant o'i waith fel athro er mwyn chware. Ond eto i gyd, roedd ei gyd-athrawon a nifer fawr o ddisgyblion yr ysgol yno er mwyn gweld y gêm ac wedi cael caniatâd i fod yno. Mae Roy wedi gwneud y sylw droeon eu bod nhw wedi cael eu talu am ei weld e'n chware ond iddo fe golli ei gyflog y diwrnod hwnnw am chware.

Daeth y wasg i'r gwaith i siarad 'da fi'r bore wedyn ac i dynnu llun ohona i'n darllen adroddiad o'r gêm mewn papur newydd. Roedd y sylw yn sgil y fuddugoliaeth yn rhywbeth roedd gofyn dod yn gyfarwydd ag e wedi'r diwrnod mawr.

Roedd yr ymateb i'r fuddugoliaeth yn syfrdanol. Gwnaed y sylw enwog ynglŷn â'r dre yn cael ei hyfed yn sych ar noson y gêm, 'The day the pubs ran dry!' Lledodd y neges fel tân gwyllt trwy Gymru a'r byd rygbi yn gyflym iawn. Un oedd yn gyfrifol i raddau helaeth am hynny oedd Max Boyce. Erbyn drannoeth y gêm, roedd yn canu cân newydd sbon ynglŷn â'r fuddugoliaeth, '9–3', ar Radio Wales. Fe gadwodd hwnna'r stori yn fyw a hynny trwy Gymru, wrth gwrs, ac roedd sawl llinell fythgofiadwy yn y gân, fel 'The beer flowed at Stradey, piped down from Felinfoel.' Roedd y gêm yn allweddol i fusnes y Groggs hefyd. Roedd John Hughes, crëwr y cymeriadau clai hynny, yn y gêm gyda'i fab ac roedd y fuddugoliaeth yn rhan bwysig o'i benderfyniad i newid o greu ffigurau chwedlonol i ffigurau rygbi. Ro'n i'n ddigon lwcus bod un wedi'i greu ohona i, yn yr un ystum ag oedd gen i ar ben ysgwyddau'r cefnogwyr ar ddiwedd y gêm, sef fy nwy fraich wedi'u plygu yn yr awyr mewn gorfoledd.

Doedd dim amheuaeth i'r gêm yna gydio yn nychymyg pobol Cymru'n gyffredinol. Roedd timau eraill o Gymru wedi curo'r Crysau Duon, ond rywsut fe gydiodd y gêm hon mewn modd na wnaeth y lleill. Dw i ddim yn siŵr pam roedd hynny'n wir drwy'r wlad a thu hwnt, ond dw i'n gwbod pam roedden ni fel chwaraewyr Llanelli mor benderfynol. Roedd tri rheswm a dweud y gwir. Yn gynta, ro'n ni i gyd wedi credu, ymhell cyn diwrnod y gêm ei hun, y gallen ni ennill. Daeth hynny'n arbennig o wir wedi i ni fynd i weld y Crysau Duon yng Nghaerloyw. Daethon ni

'nôl o fan'na gan wbod na welson ni unrhyw beth yn
eu chware nhw oedd yn fygythiad i ni. Dyna neges
Carwyn. Doedd un neu ddau o'r chwaraewyr ddim
wedi gallu dod gyda ni, ond daeth ambell un i'r
Strade i gwrdd â ni wrth i ni gyrraedd adre. Yn eu
plith roedd Phil Bennett, a ddwedodd iddo deimlo
ein hagwedd gadarnhaol, hyderus yn syth a hynny yn
ei dro wedi'i ysbrydoli ynte. Mae hynny'n berthnasol
iawn o ystyried y ffaith bod y rhan fwya o dimau sy'n
colli i'r Crysau Duon yn colli cyn iddyn nhw gyrraedd
y cae. Maen nhw wedi colli'r frwydr feddyliol. Ro'n
ni'n barod amdanyn nhw wrth gerdded mas i'r cae a
do'n ni ddim yn teimlo eu bygythiad, er i ni deimlo
eu hergydion.

Ar ben hynny, roedd dylanwad Carwyn wrth gwrs.
Roedd e wedi curo'r un gwrthwynebwyr ar eu tomen
eu hunain gyda'r Llewod ychydig dros flwyddyn
ynghynt. Ac er i rai ddweud nad oedd hynny'n fawr
o gamp mewn gwirionedd oherwydd y chwaraewyr
oedd ganddo, roedd yn deimlad braf iawn i'r bois
bod Carwyn wedi llwyddo i guro'r un tîm gyda'i
glwb lleol. Roedden ni'n teimlo'n falch iawn drosto
fe. Roedd hynny'n tawelu unrhyw un oedd yn amau
ei allu, unwaith ac am byth. Doedd Carwyn ddim y
math o berson fydde'n meddwl fel 'na, ond ro'n ni fel
chwaraewyr.

A thrwy'r cyfan, roedd 'na deimlad ymhlith nifer
fawr ohonon ni'r chwaraewyr bod y fuddugoliaeth
wedi dod o wreiddiau'r clwb ei hunan. Ffurfiwyd
clwb Llanelli gan foi a gafodd addysg yn yr ysgol
breifat lle honnir i rygbi ddechrau fel gêm, sef Rugby

wrth gwrs. Ond fe drodd i fod yn gêm y gweithwyr yn ddigon clou yn Llanelli a thrwy dde Cymru. Mae'r cysylltiad rhwng y gêm, y clwb a diwydiannau trwm yr ardal yn un hir ac agos. 'Nôl i'r gwaith at ein cyd-weithwyr ro'n ni'n mynd ar fore Llun wedi gêm y penwythnos, i gael eu barn nhw yn blwmp ac yn blaen ar y ffordd ro'n ni wedi chware y dydd Sadwrn cynt.

O waith dur y Klondike y bydde rhai o'r chwaraewyr yn mynd i'r Strade er mwyn chware ar brynhawn Sadwrn, pobol fel Phil Bennett a Gareth Jenkins. Y gêm ar y Strade ar brynhawn Sadwrn oedd y ddefod i ymlacio a chymdeithasu ar ddiwedd wythnos o shifftiau caled i'r gweithwyr a lenwai'r teras a'r stand yn y dyddiau hynny. Roedd 'na deimlad gan y rhan fwya ohonon ni ein bod yn chware mewn cymuned, ac er mwyn y gymuned. Felly, arwyddocâd y fuddugoliaeth ar 31 Hydref 1972 oedd mai pobol o dre ddosbarth gweithiol oedd wedi cyflawni a phrofi'r fuddugoliaeth.

Dyna pam mae buddugoliaeth yn fy milltir sgwâr fy hunan, o flaen fy mhobol fy hunan, yn golygu mwy i fi na'r gorchestion eraill y bues i'n ddigon ffodus i'w cyflawni ar gaeau rygbi'r byd. Nid geiriau gwag oedd y rhai 'nes i eu rhannu gyda fy nghyd-chwaraewyr yng ngwesty'r Ashburnham cyn y gêm.

12

Dathlu, Tywyllwch a Gorffwys

MAE'N ANODD IAWN cofio unrhyw beth arall o dymor 1972/73 a dweud y gwir. O'r funud y gwnaethon ni guro'r Crysau Duon, fydde pethe byth yr un fath wedyn. Mae cael chware yn eu herbyn nhw yn anrhydedd ac mae eu maeddu nhw'n fwy o anrhydedd byth. Fe 'nes i chware yn eu herbyn 11 o weithie i gyd, a dim ond eu curo ddwywaith, ynghyd ag un gêm gyfartal. Rhaid trysori buddugoliaethau sydd mor brin â hynny.

Roedd digon o bethe wedi'u cynllunio ar gyfer y tymor hwnnw'n barod, gan ei fod yn dymor canmlwyddiant y clwb. Roedd gêmau ychwanegol wedi'u trefnu: fe guron ni'r Barbariaid, er enghraifft, ond does dim lot o sôn am hynny erbyn hyn. Trefnwyd sawl cinio dathlu canmlwyddiant ac, wrth gwrs, roedd angen cinio i ddathlu'r fuddugoliaeth yn ychwanegol at hynny hefyd. Yn ogystal â digwyddiadau swyddogol y clwb, bydden ni fel chwaraewyr unigol yn cael gwahoddiadau i siarad mewn ciniawau a chlybiau amrywiol, ar hyd a lled y de. Uchafbwynt y dathlu oedd y cinio canmlwyddiant wedi i'r tymor orffen. Dyna oedd e i fod yn wreiddiol ond, wrth gwrs, fe drodd yn ginio dathlu dwbl. Codwyd *marquee* enfawr ar y cae chware ar y Strade ac roedd e'n orlawn o bobol y clwb a sêr y byd rygbi yng Nghymru.

Ar y cae, fe wnes i wynebu'r Crysau Duon unwaith eto wedi'r gêm ar y Strade y mis Hydref hwnnw. Ar Ragfyr yr 2il cefais y fraint o fod yn gapten Cymru yn y gêm yn erbyn Seland Newydd. Teimlad arbennig oedd cerdded mas o flaen tîm cystal ag oedd gan Gymru bryd 'ny a hynny ar Barc yr Arfau, un o fannau eiconig rygbi'r byd. Yn anffodus, fe gollon ni'r gêm, ond roedd hi'n agos iawn, 19–16 iddyn nhw. Roedd pump o'r bois chwaraeodd ar y Strade ar ddiwrnod ein buddugoliaeth yn chware i Gymru y mis Rhagfyr hwnnw.

Fe ddaeth 'na ddiwedd da iawn i dymor tîm Llanelli wrth i ni ennill Cwpan Undeb Rygbi Cymru am y tro cynta. Roedd y ffeinal yng Nghaerdydd, ac fe gafon ni lwyddiant arbennig yn y pum gêm chwaraeon ni er mwyn cyrraedd yno. Sgorion ni dros 150 o bwyntiau a dim ond ildio 15. Roedd lot wedi achwyn am leoliad y gêm yng Nghaerdydd, gan mai tîm y brifddinas ro'n ni'n chware yn eu herbyn, gan ddadlau bod hynny cystal â gêm gartre iddyn nhw. Ond yng Nghaerdydd buodd hi ac fe enillon ni'n deidi, 30–7. Roedd hwnna'n ddiweddglo arbennig i dymor anhygoel. Roedd hefyd yn ddechrau ar rediad gwych gan Lanelli yn y cwpan – fe enillon ni dair ffeinal arall o'r bron wedi hynny, ac roedd trip i Gaerdydd yn ddiwrnod mas blynyddol i'n cefnogwyr ni.

I goroni'r fath dymor anhygoel, roedd y clwb wedi trefnu taith i ni mas i Ganada. Ac unwaith eto, roedd Carwyn am wneud yn siŵr bod 'na rywbeth yn wahanol am y trip 'ma hefyd. Gofynnodd i'r pwyllgor a fydde'r gwragedd a'r cariadon yn cael dod gyda'r garfan. Roedd hwnna bron â bod yn fwy chwyldroadol nag unrhyw beth arall wnaeth e ei gyflwyno yn ystod ei yrfa. Dynion yn unig fydde hi bob tro y bydde unrhyw dîm rygbi yn mynd dramor, pa bynnag safon oedd y clwb hwnnw. Ond roedd Carwyn yn credu bod y menywod wedi chware rhan ganolog yn llwyddiant y tymor a'u bod nhw'n haeddu cael eu cydnabod am hynny.

Roedd wedi cynnwys y menywod yn un o ddigwyddiadau'r garfan cyn ffeinal y cwpan yn erbyn Caerdydd. Fe aeth â ni un prynhawn Sul i Goleg Llanymddyfri ar gyfer sesiwn ymarfer. Yna, wedi i ni gwpla, dwedodd ei fod wedi trefnu te i ni gyd ym Mhlas Glansefin, mas yn y wlad ar gyrion y dre. Roedd yn fan poblogaidd iawn ar gyfer nosweithiau Cymraeg yn y saithdegau, a bydde thema ganoloesol i'r noson ambell waith, a'r cawl a'r medd yn llifo. Erbyn i ni gyrraedd yno, dyna ble'r oedd y gwragedd a'r cariadon yn aros amdanon ni, wedi bod yno drwy gydol y prynhawn yn mwynhau cwmni ei gilydd tra oedden ni wedi bod yn ymarfer. Fe gawson ni noson hyfryd yno, yn ymlacio'n llwyr a chael digon o sbri.

Wedi i'r rownd gynta o ddiodydd ddod i ben, roedd rhywfaint o ansicrwydd ynghylch a oedd caniatâd i ni ofyn am ragor. Dwedodd Carwyn nad oedd problem a bant â'r cart! Wel, bant â'r bois o leia. Dw i ddim wedi bod yn un am yfed erioed a phrin iawn yw'r adegau pan fydda i'n yfed unrhyw beth. Rhoddwyd y cyfan ar fil Carwyn ac, yn ôl y stori, cafodd ei alw o flaen y pwyllgor, a'r trysorydd yn benodol, pan welwyd faint roedd e wedi'i wario. Ateb pwyllog Carwyn wrth gael ei holi ynglŷn â'r fath wariant oedd dweud bod y cyfan yn rhan o baratoi'r tîm ar gyfer y ffeinal y Sadwrn canlynol, a bod croeso iddyn nhw ddod 'nôl ato fe wedi'r gêm pe baen nhw'n dal yn anhapus. Chlywyd yr un gair pellach am fil Glansefin!

Yn dilyn hynny, cytunodd y pwyllgor i gais Carwyn i fynd â'r menywod ar y daith i Ganada hefyd. Yn amlwg, roedd y menywod wrth eu boddau. Pan sonia i am Carwyn wrth Bethan, y sylw ga i bob tro yw 'Oh, marvellous man!' Bydde bois Llanelli yn poeni Carwyn ynglŷn â'r penderfyniad hynny. 'Pam yffach ti moyn i ni fynd â'r menywod 'fyd?' oedd sylw sawl un. Bydde Carwyn yn gwrando ar y sylwadau 'ma gan wenu'n braf ar y rhai oedd yn eu gwneud. Doedd dim prinder tynnu coes gan chwaraewyr y clybiau eraill chwaith pan ddaethon nhw i wbod nad y dynion yn unig fydde'n mynd ar y daith, ac roedd pawb yn gwneud sbort am ein pennau am fynd â'r menywod gyda ni.

Chware teg, fe wnaeth y menywod ymateb yn gadarnhaol iawn a bwrw ati'n syth i drefnu digwyddiadau i godi arian tuag at y daith, fel nad oedd y clwb yn gorfod ysgwyddo'r baich ariannol i gyd. Bethan oedd un o'r rhai fu'n gyfrifol am drefnu sioe ffasiwn er mwyn codi arian. Roedd hi'n noson dda, ac mae'n siŵr 'da fi mai dyna un o'r nosweithiau ffasiwn cynta yn enw clwb rygbi. Yn sicr, roedd clywed am y fath noson wedi creu cryn syndod i nifer. Er mwyn i Bethan allu dod gyda fi, roedd yn rhaid i Tracy aros gyda'i mam-gu ym Mancyfelin. Diolch byth bod y fath gefnogaeth yn bosib. Pan ddaeth yr amser i ni adael am Ganada, roedd yr arian i gyd oedd ishe yn y banc, a'r menywod wrth ein hochr ar yr awyren.

Doedd dim gwraig neu gariad gan bawb yn y garfan, wrth gwrs, ac roedd y rhai oedd yn sengl yn ei gweld hi'n od iawn bod ar daith gymysg o'r fath. Ond chware teg iddyn nhw, wnaethon nhw ddim conan am hynny. Mae'n siŵr ei fod yn gymaint o newid byd iddyn nhw ag oedd e i'r gweddill ohonon ni oedd yn cael mynd â'n partneriaid gyda ni am y tro cynta. I ddau o'r garfan, roedd y daith yn achlysur personol pwysig hefyd. Roedd Roger Davies newydd briodi ac ychydig ddyddiau cyn hynny roedd Hefin Jenkins wedi priodi hefyd. Roedd y daith hon yn fis mêl yn ogystal â thaith rygbi i ddau o'r chwaraewyr felly. Chware teg i Marlston Morgan, pan ddeallodd fod Hefin Jenkins a'i wraig newydd wedi cael stafell yn y gwesty gyda dau wely sengl, cynigiodd gyfnewid stafell fel bod Hefin yn gallu cael stafell â gwely dwbl. Nid rygbi oedd popeth!

Dyna'r ail ymweliad â Chanada i fi yr haf hwnnw. Aeth Cymru mas 'na ar ddiwedd y tymor ac yna, o fewn tair wythnos i ddod gartre, ro'n i mas 'na eto 'da Llanelli. Roedden nhw'n ddyddiau cynnar ar rygbi yng Nghanada. Falle fod y gêm wedi cael ei chware yno am flynyddoedd lawer, ond o safbwynt camu ar y llwyfan fyd-eang roedden nhw'n sicr yn ddyddiau cynnar. Maen nhw wedi gwella'n aruthrol ers dyddiau'n teithiau ni mas 'na yn '73. Enillon ni bob gêm mas 'na, 'da Llanelli a 'da Chymru hefyd. Wrth gwrs, roedd Llewod '66 wedi colli gêm yn eu herbyn, ond rhaid cofio bod y bois wedi llosgi yn yr haul cyn y gêm honno. Fe ddes i 'nôl o Ganada yn gwbl benderfynol y tro 'ma y byddwn i'n rhoi'r gorau i'r gêm. A dweud y gwir, ro'n i wedi penderfynu cwpla gyda Llanelli cyn mynd i Ganada a doedd dim yn mynd i newid fy meddwl y tro hwn. Fe fuodd pawb yn y clwb yn garedig iawn tuag ata i a sawl un yn gofyn i fi beidio mynd, chware teg iddyn nhw. Ond ro'n nhw'n gwbod fy mod wedi bwriadu ymddeol y flwyddyn cynt, felly ro'n nhw'n deall fy mod yn gwbl o ddifri ynglŷn â'r penderfyniad. Serch hynny, doedd e ddim yn bosib cwpla chware'n gyfan gwbl, felly fe chwaraeais i sawl gêm i glwb Athletic Caerfyrddin wedi hynny.

Ar Ddydd Gŵyl San Steffan, roedd yn draddodiad bod clwb Athletic Caerfyrddin yn chware yn erbyn tîm o gyn-chwaraewyr. Y flwyddyn honno, cefais fy newis i chware i ail dîm yr Athletic. Ond, ar y funud ola, daeth cais i fi chware i Lanelli ar yr un diwrnod, a hynny yn erbyn Cymry Llundain. Roedd y gêm honno yn eu herbyn nhw'n rhan o draddodiad Llanelli, ac yn gêm fydde'n un o uchafbwyntiau'r tymor. Roedd gen i broblem, felly. I ba glwb y dylen i chware?

Yr hyn 'nes i yn y diwedd oedd chware i'r Athletic yn y bore, dim ond am un hanner, ac yna ei baglu

hi draw i Lanelli er mwyn chware yn erbyn Cymry
Llundain ar y Strade y prynhawn hwnnw. A gwneud
'ny, wrth gwrs, heb ddweud gair wrth Lanelli bo fi
wedi chware yn y bore. Felly, ar y diwrnod arbennig
hwnnw fe chwaraeais i ail dîm Athletic Caerfyrddin
yn y bore ac yna chware i Lanelli yn y prynhawn,
mewn tîm oedd yn cynnwys ambell Lew ac yn erbyn
tîm oedd yn cynnwys sawl Llew. Ddylen i ddim fod
wedi chware'r ddwy gêm yna ar yr un diwrnod, ond
roedd yn amhosib peidio.

Wedi cael fy newis i chware ar Ddydd Gŵyl San
Steffan, daeth cyfle i chware ambell gêm arall ac fe
arweiniodd hynny at un gêm annisgwyl dros Gymru
hefyd. Fy ngêm ryngwladol ola oedd y gêm yn erbyn
Lloegr ym Mhencampwriaeth y Pum Gwlad yn 1974.
Dyna'r unig dro i fi golli yn erbyn tîm Lloegr. Roedd
hi'n sicr yn amser i fi roi'r gorau iddi ar y cae rygbi!

Falle ei fod yn gwbl amlwg mai dyna oedd y cam
cywir, ond doedd e ddim yn gam rhwydd o bell ffordd.
Roedd yn rhwyg go sylweddol yn fy mywyd. Ro'n
i wedi arfer â phatrwm penodol ers blynyddoedd
lawer: ymarfer am ddau ddiwrnod yr wythnos, gêm
ar y penwythnos, a sawl gêm canol wythnos hefyd.
Ar ben hynny, bydde gêmau rhyngwladol Cymru,
teithiau Cymru a theithiau'r Llewod heb sôn am
achlysuron swyddogol yn enw'r gêm.

Yna, yn sydyn reit, doedd dim galw o gwbl arna
i. Roedd patrwm bywyd yn gwbl wahanol ac ro'n i'n
colli'r cwmni, colli'r tîm a cholli strwythur fy mywyd.
Roedd e'n sicr yn benderfyniad cywir o ran fy mywyd
personol a theuluol ond roedd yn anodd iawn delio

â'r penderfyniad ar ôl i fi ei wneud. Doedd dim math o gefnogaeth ar gael ar y pryd i helpu pobol fel fi i ddelio 'da phenderfyniad mor fawr â'r un i roi'r gorau i chware rygbi. Roedd yn newid fy ffordd o fyw, ond doedd dim help i ddelio â hynny gan y rhai oedd wedi manteisio ar fy nghyfraniad ar y cae chware am 15 mlynedd. Doedd dim disgwyl iddyn nhw wneud o gwbl – nid fel 'na roedd y gêm yn cael ei rhedeg y dyddiau 'ny. Ond doedd hynny ddim yn golygu nad oedd cost bersonol i'r chwaraewyr oedd yn dewis rhoi'r gorau iddi.

Bydde gen i amserlen newydd sbon ar gyfer fy nyddiau nawr. Roedd gen i o leia ddwy noson ychwanegol yng nghanol yr wythnos gan nad oedd angen ymarfer a doedd dim gêmau canol wythnos chwaith, a bydde'r penwythnos yn gwbl rydd. A doedd dim sôn am deithiau tramor, hir na byr. Ro'n i'n gallu gwneud yr hyn ro'n i am ei wneud ac roedd hynny'n newid aruthrol. Ond ro'n i, heb os, yn gweld ishe cwmni'r bois.

Er dweud hynny, ac er mor fyw oedd y teimladau o golli cwmni fy nghyd-chwaraewyr a'n ffordd o fyw, do'n i ddim yn gallu mynd 'nôl i weld gêmau ar y Strade yn rhwydd iawn chwaith. Roedd hi'n rhy anodd ac yn rhy boenus. Mae'n siŵr y bydde nifer yn credu y bydde mynd 'nôl 'na'n amal yn gwneud pethe'n rhwyddach ac yn gwneud lles i fi, gan fy helpu i ollwng gafael ar bethe gan bwyll bach. Ond nid fel 'na oedd hi, ddim o bell ffordd. Fe ddes i'n well, gydag amser, a gallu mynd 'nôl 'na rhyw unwaith y mis, a chael croeso da bob tro, mae'n rhaid dweud. Fel arall, mynd i weld y Quins neu Athletic Caerfyrddin fyddwn i'n rheolaidd.

Fe welodd y teulu wahaniaeth mawr wedi i fi gwpla chware. Dechreuodd y gwyliau teuluol am y tro cynta. Erbyn 'ny roedd Helen, y ferch fenga, wedi'i geni ac roedd Bethan, fi a'r merched yn gallu mynd ar wyliau i Sbaen neu i Bortiwgal, fel y bydde teuluoedd eraill yn ei wneud. Llwyddodd Bethan a fi i fynd ar wyliau gyda'n gilydd, dim ond ni'n dau, ac fe aethon ni i Awstralia, Canada ac America ar wyliau hirach. Roedd yn deimlad braf gallu gwneud hyn i gyd ar ôl blynyddoedd o fethu.

Er mai rhoi'r gorau i'r gêm oedd y penderfyniad cywir, do'n i ddim wedi disgwyl y byddwn i'n teimlo mor isel wedi'r penderfyniad, ac nid fi'n unig oedd yn teimlo fel 'ny chwaith. Roedd yn ddiwedd cyfnod i Bethan hefyd, wrth gwrs, am ei bod hi erbyn hynny wedi dod i arfer cwrdd â gwragedd y chwaraewyr eraill, a daeth hynny i ben. Roedd hi'n rhan amlwg o fywyd a gweithgareddau cymdeithasol y clwb erbyn i fi ymddeol.

Un peth arall na fydde'n digwydd y pryd 'ny ond sy'n digwydd nawr yw trefnu gêm dysteb neu gêm elusennol ar gyfer chwaraewr sydd wedi bod yn chware i'r clwb am gyfnod hir – nid bo fi'n disgwyl hynny o gwbl. Ond doedd e ddim yno ar fy nghyfer, nid o ran yr ochr ariannol, ond yn hytrach fel ffordd o ddod â phethe i ben yn fwy teidi. Ddigwyddodd hynny ddim.

Fe brynes i garafán lawr yn Amroth ar ôl cwpla chware, a bydden ni'n mynd fel teulu bach o bedwar lawr 'na mor amal â phosib. Daeth mynd ar drip i'r garafán ar benwythnosau yn dipyn o arferiad. Mae hi'n dal 'da fi hyd heddi ac mae'n fendith lwyr. I draethau Amroth a Dinbych-y-pysgod y bydden ni'n mynd o Fancyfelin am dripiau pan o'n ni'n blant ac roedd dewis Amroth fel lle i gael carafán yn ddewis naturiol oherwydd hynny. Roedd yn help hefyd, pan ddaeth hi'n gyfnod ymddeol o'r gêm, bod 'da fi ffrind oedd yn berchen ar garafán yno. Bydden ni fel teulu yn mynd yno atyn nhw yn amal wedi i fi adael y Strade.

Ar ddechrau'r wythdegau, wedi rhai blynyddoedd o fod wedi gorffen chware, aeth pethe o ddrwg i waeth arna i'n bersonol ac fe ges i *nervous breakdown*. Bues i yn yr ysbyty am wythnosau gan fy mod yn isel iawn, iawn erbyn 'ny.

Un peth sy'n amlwg i fi nawr wrth edrych 'nôl ar gyfnod mor anodd yn fy mywyd yw'r ffaith nad o'n i am gydnabod 'mod i'n diodde'r fath gyflwr. Dim wrth bobol eraill a dim wrtha i fy hunan chwaith. Doedd hynny ddim yn digwydd bryd 'ny. Roedd hi'n anodd dangos i unrhyw un 'mod i'n diodde am ei fod yn cael ei ystyried yn wendid. Roedd yn gas 'da fi fod yn yr ysbyty yn diodde o iselder. Ac wrth gwrs, roedd y fath agwedd yn gylch dieflig ac yn troi i fod yn rhan o'r broblem wedyn, gan wneud pethe'n waeth. Ro'n i'n gwrthod derbyn 'mod i mewn ward seiciatryddol yn yr ysbyty. Bydde hi wedi bod yn haws o lawer derbyn fy mod yn un o'r wardiau eraill yn diodde rhyw salwch corfforol roedd pawb yn ei ddeall a'i dderbyn.

Galla i weld yn ddigon clir nawr mai'r camgymeriad mwya mae pobol yn ei wneud gydag unrhyw ddolur meddwl neu emosiynol yw gwrthod derbyn eu bod nhw'n diodde. Mae hynny'n gwneud pethe lot yn waeth. Mae cydnabod y cyflwr yn y lle cynta yn golygu eich bod yn gallu derbyn yr help angenrheidiol lot yn gynt. Fe golles i bob diddordeb yn 'y mywyd yn gyfan gwbl. Do'n i ddim ishe gweld neb na mynd i unman. Mae'n siŵr nad oedd yn rhwydd i'r teulu fyw gartre gyda rhywun oedd yn diodde o iselder. Diolch byth bod Bethan wedi gweld beth oedd yn digwydd ac wedi mynnu dweud wrtha i bod angen help arna i.

Mae'n siŵr mai'r hyn oedd yn pwyso'n drwm iawn arna i oedd becso beth fydde pobol yn ei feddwl ohona i'n gorwedd mewn gwely ar ward o'r fath a finne wedi bod yn rhan o'r byd rygbi am shwd gymaint o amser. Beth oedd pobol yn ei feddwl o'r ffaith bod dyn oedd yn arfer chware dros Lanelli, Cymru a'r Llewod nawr ar ward seiciatryddol? Do'n i ddim yn gallu derbyn hynny o gwbl.

Fe adawes i bethe fynd yn rhy bell cyn cytuno i ofyn am help gan y doctor ac, o ganlyniad, wedi i fi gael fy anfon i'r ysbyty ro'n i wedi mynd mor isel, do'n i ddim ishe gweld neb o gwbl. Bydde gwynebu pobol yn golygu gwynebu cwestiynau do'n i ddim am eu hateb. Am yr un rheswm, do'n i ddim am ddod mas o'r ysbyty chwaith.

Ac wrth gwrs, roedd un peth yn pwyso hyd yn oed yn fwy trwm arna i na becso am beth roedd pobol yn ei feddwl amdana i. Roedd gen i deimlad cryf iawn fy mod wedi ffaelu ac wedi siomi'r teulu. Roedd Bethan a'r ddwy ferch 'da fi gartre a finne yn yr ysbyty ac felly'n teimlo nad o'n i'n gwneud fy nyletswydd fel tad a gŵr, a 'mod i wedi methu. Roedd y pwysau 'na'n annioddefol.

Yn yr ysbyty yr un pryd â fi, ac ar yr un ward, roedd 'na ddau Gymro digon adnabyddus. Eic Davies oedd un, y dyn wnaeth gymaint dros raglenni rygbi yn y Gymraeg ar y radio, a thad Huw Llywelyn Davies. Bydde Huw yn dod mewn i weld ei dad yn amal y dyddiau hynny, wrth gwrs, a byddwn inne yn ei weld nawr ac yn y man. Y llall oedd Ronnie Williams, un hanner o'r enwog Ryan a Ronnie. Bu farw Ryan Davies rhyw bum mlynedd ynghynt ac mae'n siŵr bod y newid byd oherwydd hynny wedi profi'n eitha problem i Ronnie 'fyd.

Un peth wnaeth bethe'n lot anoddach i fi oedd y ffaith bod pawb yn gwbod pwy o'n i. Roedd staff y ward yn gwbod, roedd y cleifion eraill a'u hymwelwyr yn gwbod. Doedd dim modd cwato a bod yn anhysbys. Heblaw am ymweliadau'r teulu, bydde hi'n anodd delio â rhai o'r bobol fydde'n dod i'm gweld, a hynny'n rhannol, mae'n siŵr, am eu bod yn fy atgoffa o'r byd ro'n i wedi mynd yn dost ar ôl ei adael.

Wrth i fi orwedd yn fy ngwely yn yr ysbyty, bydde un dyn yn dod ar ei daith o gwmpas y gwlâu, gan ei fod yn weinidog ac yn ymweld â'r cleifion. Glyndwr Walker oedd ei enw, cyn-athro yn Ysgol Ramadeg Caerfyrddin, ac un a fu'n dysgu Ray Gravell ymhlith eraill. Roedd Grav yn ymweld â fi'n gyson yn y cyfnod 'na ac roedd e'n digwydd bod wrth ochr fy ngwely pan gyrhaeddodd Glyndwr Walker y ward un dydd. Gwaeddodd Grav arno, ac fe ddaeth e draw at fy ngwely. O'r diwrnod hwnnw mla'n, bydde fe'n dod i mewn bob dydd i 'ngweld i. Bydde fe'n sgwrsio 'da fi am bob math o bethe digon dibwys mewn gwirionedd. Ond y peth pwysig oedd ei fod yn dod yno bob dydd yn rheolaidd ac ro'n i'n cael cyfle i sgwrsio yn ddyddiol oherwydd hynny. Nawr ac yn y man, bydde fe'n cydio yn fy llaw i ac roedd hwnna'n rhoi rhyw deimlad o galondid i fi. Dro arall, bydde fe'n dweud rhyw weddi fach, dim ond cwpwl o eiriau, ond roedd hwnna'n gysur 'fyd.

Daeth ergyd drom iawn i'm rhan tra o'n i yn yr ysbyty. Daeth Bethan i mewn un dydd a gwneud yn siŵr 'mod i'n ishte lawr. Roedd newyddion drwg ganddi. Roedd fy llystad wedi cael trawiad ar y galon ac wedi marw. Roedd deall hynny'n dipyn o ergyd am iddo fod yn benteulu ers pan o'n i'n un bach, ac roedd y ddau ohonon ni'n dod mla'n yn arbennig o dda 'da'n gilydd. Nawr roedd e wedi mynd a finne yn yr ysbyty oherwydd iselder ac yno y clywes i'r newyddion. Anodd dweud shwd effaith gafodd 'ny. Amhosib yw dweud shwd ro'n i'n teimlo ar ddiwrnod yr angladd. Ces ganiatâd i fynd i'r gwasanaeth ond roedd gofyn bod 'nôl ar y ward y noswaith honno. Dw i ddim wedi profi teimladau fel 'na cyn nac ar ôl hynny.

Do'n i ddim yn gaeth i'r gwely yn yr ysbyty, ac un diwrnod aeth Glyndwr â fi i'r capel yno. Bu'r ddau ohonon ni'n ishte yno'n siarad yn dawel am ryw ddeng munud. Bron bob dydd wedyn byddwn i'n mynd 'nôl i'r capel, ar y dechrau gyda Glyndwr, ond wedyn fe ddechreues fynd ar fy mhen fy hunan. Roedd ishte yno yn help mawr. Mae'n anodd dweud shwd roedd e'n helpu, ond bydde fe'n gwneud i fi ddechrau teimlo'n well ynglŷn â fi'n hunan.

Fe es lawr i'r capel un diwrnod ac roedd e ar glo. Pan alwodd Glyndwr yn nes mla'n y diwrnod hwnnw, gofynnodd o'n i wedi bod lawr yn y capel. Adroddes yr hanes wrtho a bant â fe i weld pam roedd y capel ar glo, gan y dyle fod ar agor drwy'r amser. Daeth 'nôl â'r ateb. Roedd rhai o'r cleifion wedi dechrau defnyddio'r ffôn yn y capel, ac er mwyn eu rhwystro rhag camddefnyddio'r ffôn fe glowyd y drws.

O hynny mla'n, bydde fe'n mynd â fi lawr yno. Dw i mor falch nad oedd yr ymweliadau 'na wedi gorfod dod i ben. Roedd cred a ffydd yn help aruthrol i 'nghodi i mas o'r sefyllfa ro'n i wedi cwmpo i mewn iddi. Bues i bant o'r gwaith am chwe mis i gyd ond yn raddol fe enilles i hyder unwaith eto. Fe gymerodd rhyw flwyddyn cyn bo fi 'nôl fel yr o'n i cyn mynd yn dost.

Mae gwerthoedd bywyd capel wedi bod yn bwysig iawn i fi oherwydd fy magwraeth 'nôl ar yr aelwyd gartre. Bydde cyfnod pan nad o'n i'n mynd i'r capel ar y Sul, oherwydd prysurdeb bywyd rygbi a'r dymuniad i fod gyda'r teulu pan nad o'n i ynghlwm â'r gêm. Ond wedi'r profiad yn yr ysbyty, fe ddechreues fynd 'nôl yn rheolaidd bob Sul, a 'nôl i'r capel lle ces i fy magu, ym Mancyfelin. Bydde Glyndwr yn parhau i alw rhyw unwaith yr wythnos ar ôl i fi adael yr ysbyty. Roedd e hefyd wedi rhoi ei rif ffôn i fi, gan fynnu y dylwn ei ffonio os oedd angen a hynny ar unrhyw adeg o'r dydd. Do, fe ges i ofal arbennig ganddo fe.

Mae 'na ambell ddiwrnod heddi pan dw i'n teimlo'n fwy isel nag y dylwn i fod. Ond dw i wedi dysgu shwd mae delio â fe nawr a dw i ddim yn cwato y tu ôl iddo fe a gwrthod derbyn shwd dw i'n teimlo. Yr hyn y bydda i'n ei wneud wrth ddechrau teimlo fel 'na heddi yw mynd mas a chymysgu 'da pobol, yn lle cadw fy hunan i fy hunan. Fe af i mas am dro neu i'r dre ac, wrth gwrs, mae'r garafán yn Amroth yn help mawr ac yn ffordd dda o fanteisio ar awyr iach y môr.

Mae bod mas yn yr ardd yn foddion pwysig i fi a dw i'n lwcus 'mod i'n gallu helpu fy ffrind agos Lyn Jones â'r palu a'r plannu yng ngardd Sally Walters, menyw o'r capel ym Mancyfelin. Dw i'n credu o hyd ei bod yn bwysig cadw'r corff yn iach er mwyn helpu ein hiechyd yn gyffredinol, nid dim ond yn gorfforol. Mae'r bar codi pwysau oedd 'da fi yn fy arddegau yn dal 'da fi hyd heddi, ac fe af ati i godi'r bar am 'chydig funudau bob dydd o hyd. Yr unig farc mae'r salwch wedi'i adael arna i yw'r ffaith nad ydw i'n hoff iawn o gerdded mewn i stafell yn llawn pobol ar fy mhen fy hunan. Doedd hynny ddim yn wir cynt, ond mae'r diffyg hyder neu'r swildod yn sgil y salwch yn amlwg yn y ffordd 'na nawr. Ond dw i'n gallu delio gyda fe.

Dw i'n ddiolchgar iawn hefyd na fues i erioed yn un i yfed. Do'n i ddim hyd yn oed yn yfed yn nyddiau'r teithiau i Gaerfyrddin ar nos Sadwrn. Doedd e ddim fel petai cymaint o bwysau i orfod yfed llond ein crwyn y dyddiau 'ny. Dw i'n amal yn meddwl shwd fydden i wedi bod petawn i'n un am yfed hefyd. Mae'n siŵr 'da fi bod lot fawr o'r rhai sydd yn yfed yn drwm yn gwneud hynny i gwato'r ffaith eu bod yn teimlo rhyw iselder neu'i gilydd maen nhw'n gwrthod cydnabod sy'n bodoli. Sdim cywilydd mewn teimlo iselder – gwrthod cydnabod hynny yw'r gwendid.

Fe wnaeth y profiad o fod yn dost fy atgoffa o'r pethe hynny sy'n bwysig mewn bywyd. Dw i wedi sôn am ffydd yn barod, ac mae teulu a gwreiddiau yr un mor bwysig. Roedd fy mam, Bethan, y plant, 'y mrodyr a'n chwiorydd yn gefn i fi pan o'n i'n dost ac yn gefnogol iawn i fi yn ystod fy nghyfnod ar y cae rygbi. Pan o'n i mas ar deithiau amrywiol, naill ai 'da Cymru neu'r Llewod, daeth pwysigrwydd y gwreiddiau yn amlwg iawn wrth i'r Cymry oedd wedi symud i'r gwledydd tramor i fyw ddod i'n gweld i gael sgwrs, er mwyn cael cadw'r cysylltiad â'r famwlad. Dyna pryd 'nes i sylweddoli pwysigrwydd gwreiddiau a chymaint y mae'r syniad hwn o berthyn ac o ddeall ein gwreiddiau yn ei olygu i ni'r Cymry. Heddi, mae'n galondid aruthrol ac yn destun balchder mawr i mi bod dau arall o fois y pentre, Mike Phillips a Jon Davies, yn Llewod hefyd. Mae cael tri Llew o bentre bach o ryw 800 o bobol yn dipyn o gamp a braf oedd clywed y tynnu coes yn ystod taith y Llewod yn haf 2013 wrth i rai synnu a rhyfeddu nad oedd neb o bentre Bancyfelin yn chware mewn rhyw gêm ar y daith!

Roedd fy wncwl mas yn Sydney yn gwbod am y teimlad 'ma 'fyd, ond o'r ochr arall. Fe ddaeth cyfnod pan na fydde fe'n dod 'nôl adre i Gymru i'n gweld. Digwyddodd ei wraig awgrymu pam wrthon ni un dydd. Wrth iddo fe heneiddio, roedd ei awydd i ddod 'nôl yn gryf, ond roedd e hefyd yn gwbod, os bydde fe'n ymweld â ni, y bydde fe'n ei chael hi'n anodd ddychrynllyd i fynd 'nôl i Awstralia. Felly, peidio dod 'nôl 'ma o gwbl oedd yr unig ffordd i ddelio 'da'r fath deimlad, a byw yn ei hiraeth ym mhen draw'r byd.

Dw i'n dal i edrych ar gêmau rygbi ar y teledu bob wythnos – gêmau'r Scarlets yn benodol, wrth gwrs, ond dw i'n gwylio'r rhanbarthau eraill hefyd. Byddaf yn dilyn rygbi Cymru yr un mor frwdfrydig. Ond o ran mynd i weld rygbi byw, lawr i Gaerfyrddin dw i'n mynd fwya, i weld gêmau'r Quins neu'r Athletic. Dw i'n mwynhau gweld y dalent ifanc sydd yn dal i gael ei meithrin yn ein pentrefi ni.

Dw i'n falch iawn o'r hyn y llwyddes i fod yn rhan ohono yn y byd rygbi am gyfnod o 15 mlynedd. Dw i hefyd yn falch mai yn ystod y dyddiau hynny ro'n i'n chware'r gêm ac nid heddi. Pan o'n i'n chware, ro'n i yn y gwaith o ddydd i ddydd. Roedd 'na amrywiaeth i batrwm bywyd, roedden ni'n rhan o'n cymunedau. A wnaeth e ddim drwg i'r hyn y llwyddes i'w gyflawni ar y cae chwaith, lan uwch y lein.

Ac wedi'r holl deithio i wledydd anhygoel, fe alla i ddweud â'n llaw ar fy nghalon bod yr holl grwydro 'na wedi gwneud i fi werthfawrogi hyd yn oed yn fwy yr hen ddywediad nad oes unman yn debyg i gartre.

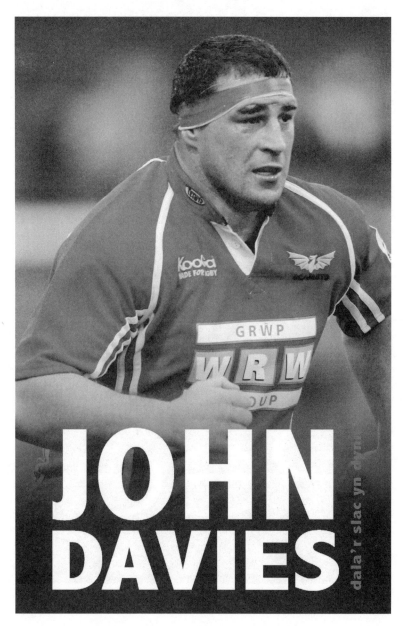

JOHN
DAVIES

dala'r slac yn dynn

£9.95

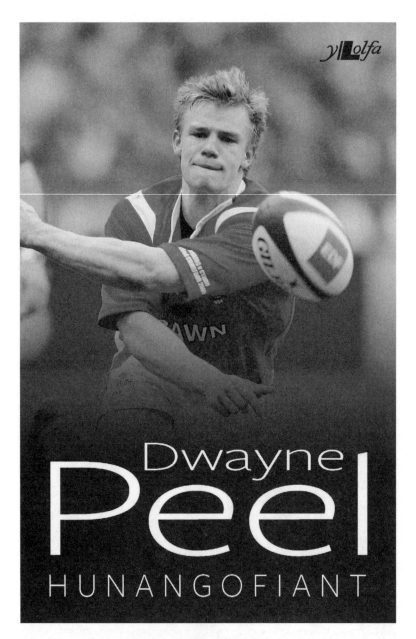

Dwayne Peel

HUNANGOFIANT

£9.95

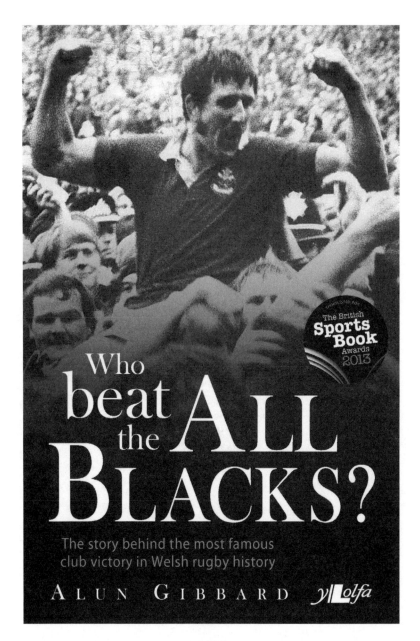

Who beat the ALL BLACKS?

The story behind the most famous
club victory in Welsh rugby history

ALUN GIBBARD

y Lolfa

£9.95

Am restr gyflawn o lyfrau'r Lolfa, mynnwch
gopi am ddim o'n catalog
neu hwyliwch i mewn i'n gwefan

www.ylolfa.com

lle gallwch archebu llyfrau ar-lein.

TALYBONT CEREDIGION CYMRU SY24 5HE
ebost ylolfa@ylolfa.com
gwefan www.ylolfa.com
ffôn 01970 832 304
ffacs 832 782